Matthias E. Gahr

Der kleine Mönch findet die Zeit

Matthias E. Gahr

Der kleine Mönch findet die Zeit

und andere Weisheitsgeschichten

VIER TÜRME

Inhalt

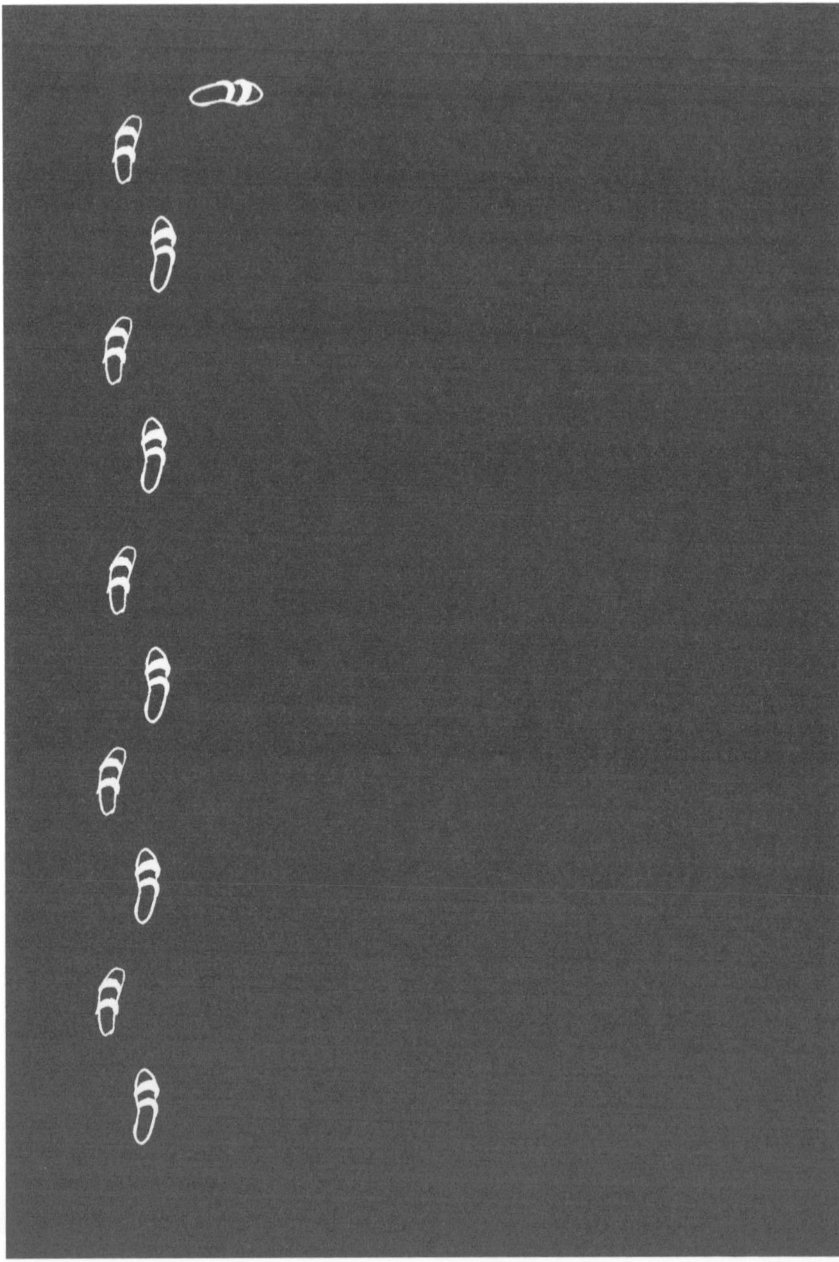

Der kleine Mönch findet die Zeit

Der kleine Mönch war im Stress. Der Abt des kleinen Klosters hatte einen Bischof eingeladen und den kleinen Mönch beauftragt, sich um dessen Wohlbefinden bei seinem Aufenthalt zu kümmern.

»Ich muss nachsehen, welches unserer Gästezimmer das schönste ist«, überlegte er. »Und auf welchem Stuhl man beim Essen am besten sitzt und in welchem Sessel der Bischof abends am besten entspannen kann, welches Bett und welche Kissen besser sind, welches Besteck wir nehmen ... Herrje, kennt der Koch überhaupt das Lieblingsgericht des Bischofs? Ich muss ihn fragen! Und ich muss schauen, dass das Bad auch wirklich ordentlich geputzt ist, das Treppenhaus sauber gefegt, das Unkraut im Garten – ach, du liebe Zeit!«

Der kleine Mönch legte los: Zwei der drei Gästezimmer waren gerade belegt, daher konnte er sich nur das übrige ansehen. Er setzte sich aufs Bett – »Hm«, sagte er, »geht so« –, auf den Stuhl und in den Sessel. »Ach, das ist schwierig«, stellte der kleine Mönch fest und nahm sich vor, als Nächstes den Garten zu prüfen.

Er wollte gerade aus dem Gästezimmer stürmen, da stand der Abt in der Tür. »Ah, da bist du«, sagte er. »Weißt du, ich habe gedacht, es wäre schön, wenn du dem Bischof etwas vorsingen könntest«, schlug er vor.

»Ach, Vater Abt, das würde ich liebend gern«, sagte der kleine Mönch, »aber ich fürchte, zum Proben habe ich keine Zeit!«

»Wieso?«, fragte der Abt.

»Ich weiß nicht«, sagte der kleine Mönch etwas verlegen, »die Zeit vergeht einfach so schnell, wenn ich dies und jenes nachschauen und vorbereiten will. Wisst ihr«, fügte er hinzu, »der Bischof soll ja ein schönes Zimmer, ein sauberes Bad, einen gepflegten Garten vorfinden ... Das ist so viel Arbeit!«

»Ich verstehe«, sagte der Abt, »du willst, dass es der Bischof besonders schön bei uns hat, nicht wahr?«

»Ja, ganz genau, und da drängt die Zeit!«, antwortete der kleine Mönch. Er wunderte sich über die Nachfrage des Abtes – es war doch klar, dass das so sein muss, oder? Er merkte, wie er selbst immer ungeduldiger wurde; am liebsten wäre er gleich losgerannt, um im Garten nach dem Rechten zu sehen, aber der Abt versperrte ihm den Weg.

Plötzlich blickte der Abt streng: »Ich bin mir ziemlich sicher, dass der Bischof ein schönes Zimmer, ein warmes Bett und einen gepflegten Garten zu schätzen weiß.« Und nach einer kurzen Pause fuhr er fort: »Das alles hat er aber ja sicher auch zu Hause.« Und nach einer weiteren Pause fragte er: »Weißt du, was er aber nicht hat?«

Der kleine Mönch schluckte und traute sich kaum zu antworten.

»Ein Lied von dir«, sagte der Abt, drehte sich um und ließ den kleinen Mönch verdutzt stehen.

Der kleine Mönch war verzweifelt: Wie sollte er das alles schaffen? Er nahm sich vor, den Novizenmeister um Rat zu fragen. Nachdem dieser sich die Not des kleinen Mönchs angehört hatte, sagte er: »Komm mit in unseren Unterrichtsraum und schreibe erst mal auf, was du alles erledigen musst.«

»Aber ich muss doch jetzt gleich ...«, begann der kleine Mönch, doch der Novizenmeister fuhr ihm streng ins Wort: »Nein, du schreibst jetzt erst deine Liste!«

Wie ein begossener Pudel lief der kleine Mönch hinter dem Novizenmeister her zum Unterrichtsraum. »So werde ich nie fertig!«, dachte er bei sich. Er setzte sich an seinen Tisch, holte Papier und einen Stift heraus. Der Novizenmeister nickte, und der kleine Mönch begann zu notieren:

»Gästezimmer aussuchen«,
»Stuhl fürs Essen auswählen«,
»bequemen Sessel aussuchen«,
»Bett aussuchen«,

»Kissen testen«,
»Besteck auswählen«,
»Lieblingsgericht mit Koch abklären«,
»Bad kontrollieren«,
»Treppenhaus kontrollieren«,
»Unkraut im Garten jäten«

und ganz ans Ende der Liste schrieb er:

»Lied auswählen und proben«.

»Siehst du, wie lang meine Liste ist?«, fragte der kleine Mönch. »Ich sollte keine Zeit verlieren und sofort damit anfangen!«

»Moment«, sagte der Novizenmeister. »Gehen wir deine Liste doch einmal durch! Zunächst: das Zimmer des Bischofs. Zwei unserer drei Gästezimmer sind belegt, es bleibt also nur eines für den Bischof übrig. Diesen Punkt kannst du streichen. Die Stühle im Speisesaal unterscheiden sich nicht großartig voneinander, was willst du da aussuchen? Sollte der Stuhl des Bischofs wackelige Beine haben, kann man ihn immer noch austauschen, wenn er erst mal sitzt. Auch das kannst du also streichen. Dann: Wozu braucht der Bischof einen bequemen Sessel? Er ist doch sowieso meist mit dem Abt unterwegs, im Kloster oder außerhalb zum Spaziergang. Für die halbe Stunde, die der Bischof vielleicht mal in einem Sessel sitzen will, sind alle unsere Sessel bequem genug.«

Punkt für Punkt gingen die beiden die Liste durch, und plötzlich wurde dem kleinen Mönch klar, dass er sich um vieles ganz umsonst Gedanken gemacht hatte. »Sein Lieblingsgericht wird der Bischof wohl bei uns auch nicht vermissen«, meinte der schließlich.

»Richtig«, erwiderte der Novizenmeister, »und was das Bad und das Treppenhaus angeht: Du kannst dich auf die anderen verlassen, die diesen Dienst übernehmen.«

Als sie mit der Liste fertig waren, stand nur noch ein Punkt darauf:

»Lied auswählen und proben« – und der kleine Mönch schämte sich fast ein bisschen für seinen Übereifer. Dennoch war er erleichtert. »Gut«, sagte er, »dann mache ich mich an meine Aufgabe!«, und der Novizenmeister nickte zustimmend.

Der kleine Mönch ging im Treppenhaus nach oben, weil die Musikbibliothek im Dachgeschoss untergebracht war.

Er stöberte ein bisschen in den Notenblättern, spielte ein paar Lieder am Klavier durch und entschied sich schließlich für ein Stück, das er schon gut konnte und das ihm sehr gefiel. Er legte die übrigen Noten zurück und nahm die Treppe nach unten. »Der Pater Magister hat recht«, dachte er bei sich, »das Treppenhaus ist ja immer ordentlich gekehrt, da brauche ich mir wirklich keine Sorgen zu machen.«

Er ging in das kleine Wohnzimmer des Klosters, wo er morgen dem Bischof das Lied vortragen wollte, und übte es noch einmal auf dem Klavier, das dort stand. Als er fertig war, klatschte es aus der Zimmerecke Beifall – irgendwie hatte sich der Abt unbemerkt hereingeschlichen.

»Oh, Vater Abt«, sagte der kleine Mönch überrascht, doch der Abt lächelte nur und nickte, und eilte aus dem Zimmer.

Der kleine Mönch saß noch immer am Klavier, da fiel ihm seine Liste wieder ein. »Ich könnte doch noch – sicherheitshalber – in den Garten schauen«, dachte er bei sich. Er ging durch die Verandatüre hinaus und stellte fest, dass alles in bester Ordnung war.

»Seltsam, jetzt habe ich doch Zeit«, bemerkte er. »Vieles von dem, was ich mir vorgenommen hatte, war gar nicht nötig, manches hat sich von allein gelöst, anderes konnte ich loslassen, weil ich darauf vertraue, dass es wohl erledigt und gut gemacht ist.«

Er setzte sich auf die kleine Steinbank am Rosenbusch und überlegte, was er noch tun könnte. »Die Rosen duften so herrlich«, dachte er bei sich, »da könnte man doch ...« Er stand auf und lief zum Gartenhäuschen, um das richtige Werkzeug zu suchen.

Die wenigen Tage, in denen der Bischof zu Besuch war, vergingen wie im Flug. Zu seinem Abschied hatten sich noch einmal alle Mönche in der kleinen Eingangshalle des Klosters versammelt. »Ich habe ein paar wundervolle Tage bei euch verbracht«, sagte der Bischof, »Vater Abt, du kannst stolz auf dein Kloster sein! Ich habe noch nie so viele gut gelaunte Mönche gesehen!« Der Abt nickte dankbar lächelnd.

»Ich danke dir«, fuhr der Bischof fort, »für die ausgedehnten Wanderungen, die wir unternommen haben, für die guten Gespräche mit dir und deinen Mönchen, für die angenehme Atmosphäre und das tolle Essen! Und ich danke dir«, und dabei nickte er dem kleinen Mönch zu, »für das wundervolle Lied, das du mir vorgespielt hast. Das war nämlich mein Lieblingsstück, und ich habe mich sehr gefreut, es wieder einmal zu hören!«

Der kleine Mönch schaute ein bisschen verlegen zum Abt hinüber, der ihn strahlend ansah.

»Und – nicht zu vergessen! – ich danke euch für das schöne Gästezimmer, hätte ich doch auch nur ein so bequemes Bett!«, schwärmte der Bischof und schaute ganz sehnsüchtig. »Ach ja, und eines fand ich besonders bezaubernd: Diesen duftenden Strauß frischer Rosen in meinem Zimmer! Vielen Dank dafür!«

Der kleine Mönch lächelte zum Abt hinüber, der sichtlich erstaunt war. Dann verstand der Abt aber, und er sagte leise, jedoch so laut, dass es der kleine Mönch noch hören konnte: »Ach, sieh mal einer an, da hat doch jemand sogar die Zeit für Rosen gefunden …«

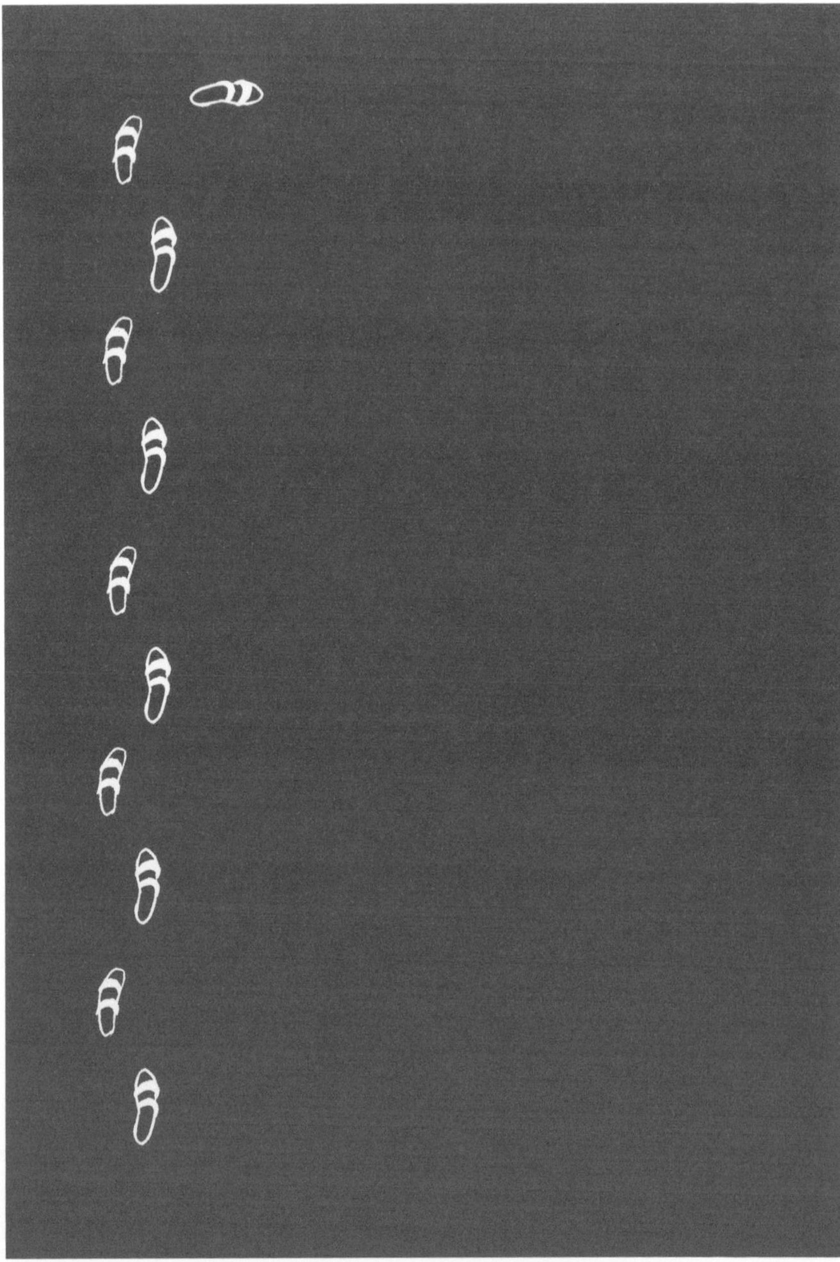

Der kleine Mönch und die Sache mit dem Lachen

Die Sonne schien dem kleinen Mönch auf die Nase, als er an diesem schönen Frühsommertag im Gärtchen des kleinen Klosters saß. Er hatte es sich nach dem Nachmittagskaffee auf einer Bank in der Ecke gemütlich gemacht und freute sich an den duftenden Blüten einer Hortensie, als eine dicke Hummel angeflogen kam.

Er musste daran denken, dass er irgendwo einmal gehört hatte, dass Hummeln zum Fliegen eigentlich viel zu dick und ihre Flügel viel zu klein seien. Er beobachtete die Hummel, die von Blüte zu Blüte flog. »Naja, ein bisschen unbeholfen sieht das schon aus«, dachte er bei sich und schmunzelte.

Da kam der Mönch um die Ecke, der im Winkel des Gartens eine Imkerei aufgebaut hatte, und schaute der Hummel und dem kleinen Mönch zu. »Die sind lustig, die kleinen Dickerchen, oder?«, fragte er. »Dickerchen?«, wunderte sich der kleine Mönch grinsend. »Ja, so nenne ich sie gern«, lachte der Mönch. »Weißt du, dass der lateinische Name für Hummeln ›Bombus‹ ist?«, fragte er. »Bombus?«, wiederholte der kleine Mönch, »na, das passt ja für die Dickerchen!«, und beide Mönche mussten herzlich lachen.

»He, Ruhe da drüben!«, rief es durch den Garten. Die Mönche hatten nicht bemerkt, dass der alte Mönch des Klosters auf sie zukam. »Was lacht ihr denn so albern?«, fragte er barsch. »Wisst ihr nicht, dass Lachen im Kloster verboten ist?«

Die jungen Mönche blickten sich an. »Ach was«, sagte der kleine Mönch etwas vorlaut, »wer sollte denn das Lachen verbieten? Das gehört doch zum Leben dazu!«

»Aber nicht zu einem Mönch«, antwortete der Alte mürrisch und stapfte davon.

In dieser Nacht schlief der kleine Mönch schlecht. Immer wieder wälzte er sich in seinem Bett herum. Ihm gingen die Worte des alten Mönchs nicht aus dem Kopf: Warum sollte das Lachen für einen Mönch verboten sein? Er verstand nicht, wozu das gut sein sollte. Gerade das gemeinsame Lachen schaffte immer wieder Verbindung in der Gemeinschaft und ließ über manche Sorge hinwegkommen. »Das ist doch bei allen Menschen so«, dachte er bei sich. Warum sollte Gott das Lachen geschaffen haben, wenn er es dann verbietet?

Solche Gedanken ließen den kleinen Mönch nicht zur Ruhe kommen – und so kam es, dass er beim gemeinsamen Frühstück der Mönche noch sehr zerknittert und unausgeschlafen war. Er sehnte sich nach seinem Morgenkaffee, ging zum Tisch mit den Kannen und schenkte sich ein. Neben ihm stand der Novizenmeister des Klosters: »Guten Morgen! Ah, ich sehe, du beginnst heute den Tag nicht mit Kaffee, sondern mit Pfefferminztee!« Der kleine Mönch stutzte und schaute auf seine Tasse.

»Mist«, fluchte er. »Falsche Kanne«, sagte er zerknirscht. »Mach dir nichts draus«, antwortete der Novizenmeister: »Humor ist, wenn man trotzdem lacht – Pfefferminztee ist doch gesund!«

Lachen – danach war dem kleinen Mönch jetzt gar nicht zumute. Die ganze Nacht hatte ihn das beschäftigt. Er setzte sich an seinen Platz und nahm einen Schluck Pfefferminztee – er schmeckte so gar nicht nach seinem Morgenkaffee.

»Ich will den Vater Abt fragen, wie das ist mit dem Lachen«, beschloss er.

Der kleine Mönch hatte sich mit dem Abt für den Abend verabredet. In der kleinen gemütlichen Stube neben der Klosterküche trafen sie sich und setzten sich an den Kamin.

Der Abt fragte, was den kleinen Mönch bedrücke. Er antwortete: »Ich wurde im Klostergarten gerügt, weil ich gelacht hatte. Stimmt es, dass für einen Mönch Lachen verboten ist? Das wäre schade, ich lache doch so gern!«

»Oh, ich lache auch sehr gern!«, antwortete der Abt schnell. »Was wäre denn der Mensch ohne Lachen! Und weißt du: Ich habe sogar ein Notizbuch, in dem ich mir Witze für Mönche notiere! Die Frage ist aber«, so fuhr er etwas ruhiger fort, »worüber wir lachen«.

Der kleine Mönch stand erstaunt mit offenem Mund da. Ein eigenes Buch mit Witzen für Mönche? Das konnte er kaum glauben.

»Wir lachen über etwas«, erklärte der Abt, »wenn es nicht in die Situation passt oder zu den Regeln, die man als allgemeingültig empfindet.« Und augenzwinkernd fügte er hinzu: »Und du weißt ja, im Kloster gibt es sehr viele Regeln!« Der kleine Mönch nickte. Er war gespannt, wie es weiterging.

Der Abt fuhr fort: »Wichtig ist, dass unser Lachen niemanden verletzt oder beleidigt. Deswegen steht in der Klosterregel: ›Der Mönch sei nicht schnell und leicht zum Lachen bereit.‹ Wir sollen also erst prüfen, warum und über was wir lachen. Es ist ...«, und während der Abt nach dem richtigen Wort suchte, ergänzte der kleine Mönch seinen Satz: »... eine Achtsamkeitsübung!«

»Sehr gut«, sagte der Abt, »so könnte man es bezeichnen.«

Der kleine Mönch überlegte: »Aber was ist, wenn etwas Lustiges ganz plötzlich passiert? Dann muss ich einfach lachen und ich kann erst gar nicht darüber nachdenken, ob ich darf oder nicht.«

»Nun«, antwortete der Abt, »du hast es selbst gesagt: Es ist eine Übung. Und wie bei jeder Übung geht es von Mal zu Mal leichter und besser und schneller.«

Der Abt gähnte und fuhr fort: »Da fällt mir noch etwas ein. Wollen wir uns morgen nach dem Morgengebet im Wäldchen treffen?«

»Ja, gerne«, antwortete der kleine Mönch etwas zögerlich. Er wusste ja, dass der Abt immer merkwürdige Ideen hatte ...

Es war neblig, als die beiden wie verabredet nach dem Gebet am nächsten Morgen zum Wäldchen liefen, das in einiger Entfernung zum Kloster lag.

Ungefähr in der Mitte des Wäldchens holte der Abt tief Luft und sagte: »Ha ha.« Der kleine Mönch schaute ihn verwundert an: »Ha ha?«

»Ich lache«, sagte der Abt, »mach doch mit!«

»Ha ha«, machte der kleine Mönch, und es kam ihm sehr seltsam vor.

»Noch mal«, befahl der Abt, »zusammen mit mir! Ha ha.« »Ha ha«, machte der kleine Mönch wieder. »Noch mal«, sagte der Abt. »Ha ha.« »Hi hi«, machte der Abt jetzt sehr laut: »Und jetzt du!«

So ging es eine Weile hin und her, bis der kleine Mönch fragte: »Geht denn auch: ›Ho ho‹?« Der Abt nickte grinsend: »Na, du hast es raus! Du verstehst es, dich zu amüsieren!« Da mussten beide kichern, und nach etlichen »Ha ha«, »Hi hi« und »Ho ho« – und einem gelegentlichen »Hu hu« – lachten beide herzhaft und so viel, dass ihnen die Bäuche wehtaten.

Es dauerte einige Zeit, bis sie sich wieder beruhigt hatten, dann gingen sie zurück in Richtung Kloster. »Und? Wie ging es dir beim Lachen?«, fragte der Abt. »Na, prima!«, antwortete der kleine Mönch, »Lachen ist doch immer wunderschön! Ich habe gar nicht mehr daran gedacht, dass ich heute mit dem Kartoffelschälen an der Reihe bin!«

»Aber weißt du auch«, fuhr der Abt fort, »dass wir das Frühstück verpasst haben?«

»Oh«, machte der kleine Mönch traurig, »und dabei hätte es heute Mirabellenmarmelade gegeben ... die esse ich doch so gern.«

»Das ist die zweite Lektion, die das Lachen für uns bereithält«, sagte der Abt. »Lachen kann uns unangenehme Dinge vergessen lassen, zumindest für eine Zeit. Das hilft uns im Leben sehr. Doch wenn man es übertreibt und kein Ende findet, kann es uns so sehr in Besitz nehmen und ablenken, dass man auch die wichtigen Dinge vergisst, das, was wesentlich ist.«

»Oder man die Mirabellenmarmelade verpasst«, ergänzte der kleine Mönch.

»Genau«, erwiderte der Abt. »Deshalb muss man auch im Lachen das rechte Maß finden und immer wissen, wann es genug ist. Dazu hilft übrigens, darauf zu achten, mit wem und zu welcher Gelegenheit man lacht.«

Beim Kloster angekommen, setzten sie sich auf die Bank vor der Tür und der Abt holte aus der Tasche seines Habits zwei Äpfel hervor. »Hier, unser Frühstück«, sagte er und gab dem kleinen Mönch einen Apfel. »Ach, und das wollte ich dir auch noch geben«, ergänzte er und legte ein blaues Notizbüchlein auf die Bank. Der kleine Mönch wusste sofort, was das für ein Buch war ...

Auch wenn der Morgen sehr lustig war, er war doch auch anstrengend gewesen. Und so legte sich der kleine Mönch nach dem Mittagessen etwas hin. Erst als ihn die warmen Sonnenstrahlen am Nachmittag an der Nase kitzelten, stand er auf und betrachtete das Büchlein, das ihm der Abt gegeben hatte. »Ich will es zum Üben benutzen«, dachte er bei sich. Und um ungestört zu bleiben und selbst niemanden zu stören – man weiß ja nie, ob die eine oder andere »Übung« zu lustig sein könnte –, ging er in den Klostergarten und setzte sich in die hintere Ecke.

Die Übungen waren gar nicht so leicht, und ein paar Mal musste der kleine Mönch natürlich lachen, es war ja auch zu lustig! Die Witze, die der Abt notiert hatte – das merkte der kleine Mönch schnell –, waren alle achtsam ausge-

wählt und doch sehr humorvoll, sodass der kleine Mönch seine wahre Freude daran hatte.

Er hatte wohl schon eine Stunde gelesen, da kam der ältere Mönch um die Ecke, der ihn aufgrund seines Lachens ermahnt hatte. »Guten Tag«, grüßte er ihn freundlich. »Guten Tag«, grüßte der Alte zurück, »du liest?«

»Ja«, antwortete der kleine Mönch, »Weisheitsgeschichten. Möchtest Du eine hören?« Der Alte nickte: »Das würde mich freuen.«

Der kleine Mönch begann vorzulesen:

»Ein Mann wurde Mönch in einem Kloster, in dem ein strenges Schweigegelübde galt: Alle sieben Jahre durfte man nur zwei Wörter sagen. Als sieben Jahre um waren, bat ihn der Abt zu sich und fragte nach seinen zwei

Wörtern. ›Habe Hunger!‹, sagte der Mönch. Der Abt bestimmte, dass der Mönch fortan eine größere Essensportion bekam. Nach weiteren sieben Jahren fragte der Abt wieder nach seinen beiden Wörtern. ›Zu kalt‹, sagte der Mönch. Der Abt bestimmte, dass er fortan eine zusätzliche Decke bekam. Sieben Jahre später rief der Abt den Mönch wieder zu sich und fragte nach seinen beiden Wörtern. ›Will gehen!‹, sagte der Mönch diesmal. ›Das wundert mich nicht‹, erwiderte der Abt. ›Seit du hier bist, bist du nur am Nörgeln!‹«

Der alte Mönch schaute den kleinen Mönch an. »Weisheitsgeschichte, aha. Darüber kann ich nicht lachen.«

»Ach«, sagte der kleine Mönch mit einem Schmunzeln, »das glaube ich schon. Dir fehlt es nur an Übung!«

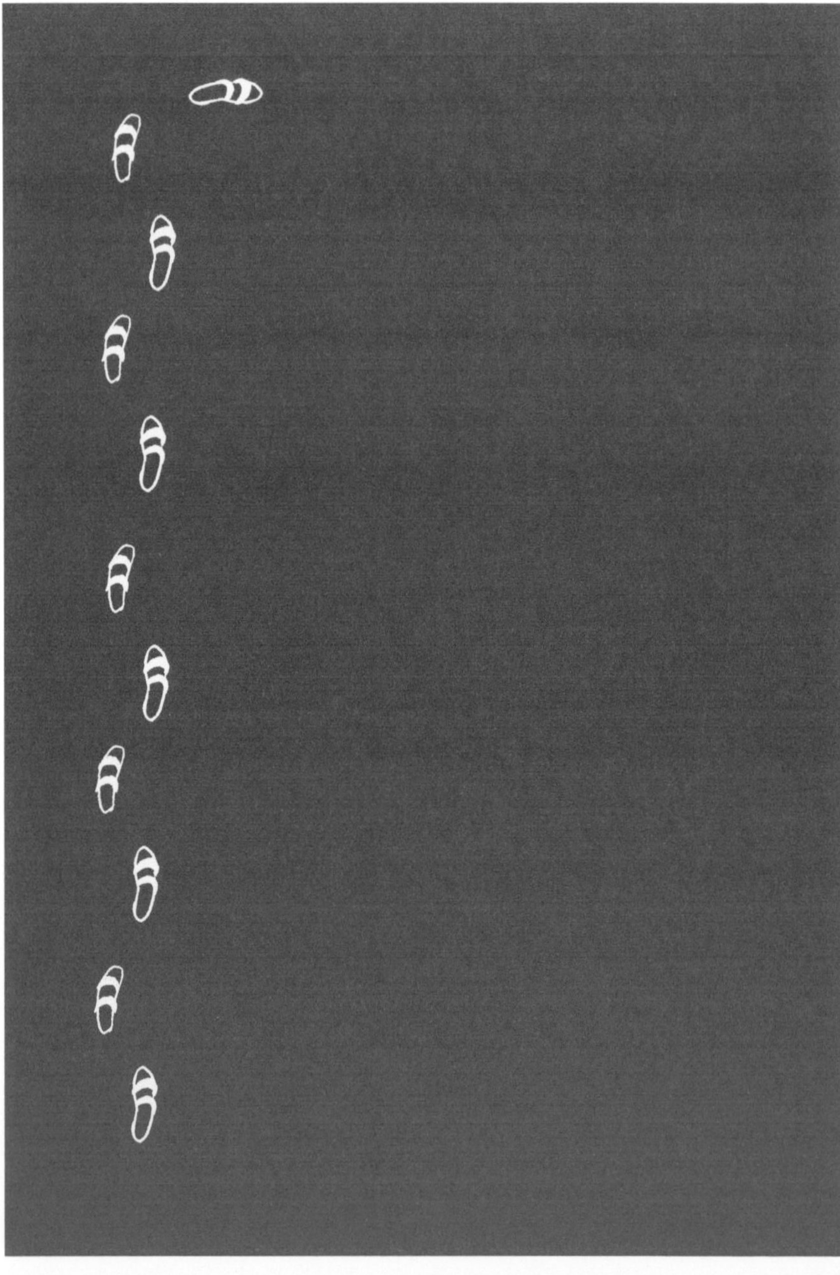

Der kleine Mönch lernt beten

Es war ein milder Frühlingstag, und der kleine Mönch saß, nachdem er freudig im Klostergarten die ersten Bienen beobachtet hatte, die um die frisch aufgebrochenen Blüten summten, mit seinen Mitbrüdern beim sonntäglichen Gottesdienst. Er war noch ganz in Gedanken an den sonnigen Garten, als er plötzlich an einem Satz aus dem Evangelium hängenblieb, das ein Mitbruder eben vorgelesen hatte: »Jesus betete einmal an einem Ort; als er das Gebet beendet hatte, sagte einer seiner Jünger zu ihm: ›Herr, lehre uns beten!‹«. »Wie seltsam«, dachte der kleine Mönch bei sich, »da sind die Jünger Tag und Nacht mit Jesus unterwegs und wissen doch nicht, wie Beten geht ...«

Der Gedanke zog Kreise in seinem Kopf: »Als Juden waren die Jünger doch sicher gewohnt zu beten. Betete Jesus denn anders? So anders, dass es die Jünger derart faszinierte?«, überlegte er. Er erinnerte sich, wie es im Evangelium weiterging: »Jesus begann zu beten: ›Unser Vater im Himmel ...‹« Das war sicher etwas ungewöhnlich für die Jünger, die sonst Psalmen beteten und den Namen Gottes nicht aussprachen. Wie die Jünger das wohl fanden? Offensichtlich gut, weil sie bei Jesus ja nachfragten. War diese neue Art zu beten besser als die alte?

Der kleine Mönch erschrak bei diesem Gedanken etwas: »Gibt es das: gute und bessere Gebete?«, fragte er sich. Und hielt für sich fest: »Ich will zusehen, dass ich immer die besten Gebete bete!« Mit diesem Gedanken verbrachte er fröhlich und gut gelaunt den Rest des Tages.

Am nächsten Morgen war der kleine Mönch nicht ganz ausgeschlafen, denn die Sache mit dem Beten hatte ihn in der Nacht noch weiter beschäftigt. Wie froh war er, dass nach dem Frühstück nun Gartenarbeit an der Reihe war, die frische Luft tat ihm gut. Da machte es dem kleinen Mönch auch nichts aus, dass die Hände vom Jäten des Unkrauts schmutzig wurden.

Mit ihm arbeitete ein etwas älterer Mitbruder im Garten. Da fasste sich der kleine Mönch ein Herz und fragte unvermittelt: »Sag mal, meinst du, dass es gute und vielleicht nicht so gute Gebete gibt?«

Der ältere Mönch blickte auf. Er überlegte kurz, dann zeigte er auf die Fensterbank: »Sieh mal, da liegen drei

Stück Seife: ein älteres, schon ganz unförmig und abgerieben, ein ganz neues daneben und eines mit Rosenduft. Meinst du, eines davon macht deine schmutzigen Hände besser sauber?«

Der kleine Mönch zögerte: »Nein, eigentlich nicht.«

»Und was nützen sie dir für deine schmutzigen Hände«, fragte der Ältere weiter, »wenn sie da drüben auf der Fensterbank liegen?«

»Natürlich gar nichts«, lachte der kleine Mönch, »ich muss sie schon in die Hand nehmen, unters Wasser halten und waschen!«

»Genau!«, sagte der ältere Mönch. »So ist es auch mit den Gebeten: Es gibt unterschiedliche Gebete und alle wirken gleich gut. Wichtig ist, dass man sie ...«

»... in die Hände nimmt und ordentlich schrubbt!«, ergänzte der kleine Mönch, und beide lachten über diese Einsicht.

Der Abt des Klosters hatte den kleinen Mönch wie jeden Montag an diesem Nachmittag zu einem Gespräch eingeladen. In der gemütlichen Besprechungsecke im Zimmer des Abtes redeten sie angeregt über den kleinen Mönch, die Mitbrüder und Gott und die Welt.

Eine Frage brannte dem kleinen Mönch noch unter den Nägeln: »Was ist beim Beten wichtig? Ist es besser, oft kurz zu beten, oder reicht es seltener, dann aber länger?«, fragte er.

Der Abt dachte kurz nach und sagte dann: »Komm mit!« Gemeinsam stiegen sie durch das schmale Treppenhaus hinunter in die Waschküche des Klosters.

Der Abt nahm einen Eimer, der in der Ecke stand, füllte ihn mit Wasser. Dann nahm er eine etwas löchrige Socke von der Wäscheleine, auf der Unterwäsche zum Trocknen aufgehängt war.

»Du bist diese Socke«, sagte der Abt zum kleinen Mönch.

»Ach?«, antwortete der kleine Mönch verwundert – sein Abt hatte wirklich manchmal sonderbare Einfälle ...

»Und jetzt stell dir vor, das Wasser ist das Gebet«, fuhr der Abt fort.

»Hm«, machte der kleine Mönch, der noch nicht richtig verstand.

»Wie fängst du es an, dass diese Socke, also du, möglichst lange mit dem Gebet, also dem Wasser, benetzt bleibt?«

»Ich tauche die Socke ins Wasser«, antwortete der kleine Mönch.

»Wie tief?«, fragte der Abt gleich weiter.

Der kleine Mönch überlegte: »So tief, bis sie vollständig ins Wasser eingetaucht ist – nur so wird sie ganz durchnässt.«

»Und wenn du sie tiefer oder länger eintauchst?« entgegnete der Abt.

»Es passiert nicht mehr viel, die Socke ist ja schon nass«, antwortete der kleine Mönch.

»Damit du also vom Wasser des Gebets möglichst lange benetzt bist ...«, begann der Abt, und der kleine Mönch ergänzte den Satz: »... macht es weniger einen Unterschied, ob das Gebet sehr lang und sehr tief ist, sondern es ist wichtig, dass es mich ganz und gar erfüllt.«

Der Abt nickte: »Genau so ist es.«

Nur um zu sehen, wie es sich anfühlte, nahm der kleine Mönch die Socke und tauchte sie ins Wasser. Doch da fiel ihm plötzlich etwas ein: »Vater Abt, ich habe mal den Spruch gehört: ›Wer singt, betet doppelt‹. Kann das dann stimmen? Man kann die Socke ja nur einmal nass machen.«

Der Abt überlegte und nickte: »Ja, den Spruch kenne ich, ich weiß, was du meinst. Ich denke, das ist so zu verstehen: Wenn du in Gedanken betest oder dein Gebet leise vor dich hin sprichst, besteht immer die Gefahr, dass du nicht ganz bei der Sache bist. Beim Singen ist das anders: Da musst du dich aufrecht hinstellen, ordentlich Luft holen, den Mund und die Lippen deutlich bewegen, und vielleicht wippst du mit dem Körper ein wenig mit. Vom Singen und deinem Gebet wird also der ganze Körper erfasst.«

»Ah ja«, sagte der kleine Mönch, »die Socke wird klitschnass!«

Der Abt lachte: »Richtig!« Dann nahm er die nasse Socke, sprang auf und rief: »Und sieh mal, was jetzt passiert!« Er hob die Socke über den Kopf und begann, sie im Kreis zu schleudern, dass die Tropfen flogen.

»Iiiihhh, Ihr macht ja alles nass!«, quietschte der kleine Mönch lachend.

»Ja«, jubelte der Abt, »schau, was deine nasse Socke anrichten kann!« Er setzte sich auf eine alte Kiste in der Ecke und fuhr fort: »Wenn du nicht nur für dich betest, sondern singst, hören das andere. Und so können auch sie etwas von deinem Gebet abkriegen!«

»Das ist prima!«, sagte der kleine Mönch, »so soll es ja sein!« Und er fügte nach einer kurzen Pause hinzu: »Müsste es aber dann nicht auch heißen: ›Wer tanzt, betet doppelt?‹«

»Na klar«, lachte der Abt, »auf jeden Fall!«

Am nächsten Morgen stand der kleine Mönch wie jeden Tag mit seinen Mitbrüdern zum Stundengebet in der Kirche. Noch ein wenig müde sang und betete er mit, doch wieder blieb er an einem Satz des Evangeliums hängen, den der Abt eben vorgelesen hatte: »Wenn du beten willst, gehe in deine Kammer und schließe die Tür und bete zu deinem Vater, der im Verborgenen ist.«

Der kleine Mönch erinnerte sich an den Abt mit der spritzenden Socke und dachte: »Komisch, das Gebet soll doch alle erreichen, warum soll man sich jetzt dabei einschließen? So wird doch niemand nass!«

Und weil an diesem Morgen gleich nach Stundengebet und Frühstück der Unterricht beim Novizenmeister, der für die Ausbildung der jungen Mönche zuständig war, stattfand, beschloss der kleine Mönch, ihn zu fragen. Weil er der Erste beim Unterricht sein wollte, schlang er nur schnell ein Brot hinunter und lief los. Und kaum hatte der Novizenmeister den Raum mit den drei Tischen betreten, hob der kleine Mönch die Hand. »Guten Morgen, Pater Magister«, grüßte er zunächst, »ich habe eine Frage zum heutigen Evangelium.«

Der Novizenmeister nickte dem kleinen Mönch zu und so fragte er: »Heute hieß es, wir sollten uns beim Beten einschließen – und doch beten wir in der Kirche immer öffentlich und gemeinsam. Warum ist das so?«

Der Novizenmeister wartete kurz, bis auch die anderen beiden jungen Mönche an ihren Tischen Platz genommen hatten, und antwortete dann: »Da stellst du eine gute Frage! Ich denke, Jesus hat da zwei verschiedene Situationen im Blick: Alleine, eingeschlossen in der Zelle, kann man viel freier beten. Man braucht keine vorgefertigten Gebete, kann ehrlicher seine Meinungen und Gefühle und tiefste Bitten äußern. Das ist wichtig, denn so kann man sich besser selbst kennenlernen, man lernt, was man braucht, wonach man sich sehnt, womit man Probleme hat.«

Der kleine Mönch nickte: »Da kann man auch das aussprechen, was man vor den anderen wohl nicht so gerne sagen würde.«

»Ganz genau«, antwortete der Novizenmeister. »Und andererseits gibt es das Beten in der Gemeinschaft, für das es natürlich vorformulierte Gebete braucht, die jeder mitbeten kann. Das Beten in der Gemeinschaft kann – wie bei uns im Kloster – dem Tag eine Struktur geben, und es stärkt eine Gemeinschaft, die sich trotz aller Unterschiede immer wieder regelmäßig an Gott wendet. Dieses Sehen in eine Richtung gibt Orientierung.«

Der kleine Mönch nickte wieder, dachte aber gleich daran, wie müde er heute Früh beim Morgengebet war: »Wenn ich aber, wie heute zum Beispiel, noch müde bin beim Stundengebet, dann helfe ich der Gemeinschaft doch nicht wirklich beim Beten, oder?«

»Das ist das Schöne beim Beten und Singen in der Gemeinschaft«, antwortete der Novizenmeister: »Ist jemand traurig oder krank oder auch nur müde, kann er sich auf das Gebet der anderen verlassen und sich mittragen lassen. Es fängt ihn auf wie ein Netz.«

»Oh, dann ist es also gar nicht schlimm, wenn ich einmal müde bin?«, freute sich der kleine Mönch. »Oder wenn ich einmal nur ›einfach so‹ mitbete?«, fragte einer der anderen beiden jungen Mönche.

»Nein«, antwortete der Novizenmeister. »Jeder von uns hat doch mal einen schlechten Tag. Wichtig ist, dabei zu sein und mitzumachen.«

»Das ist prima!«, sagte der kleine Mönch, »die anderen machen also meine Socke mit nass!«

Die anderen Mönche kicherten, aber der Novizenmeister verstand und lachte: »Ah, ich sehe, du warst mit dem Abt schon in der Waschküche!«

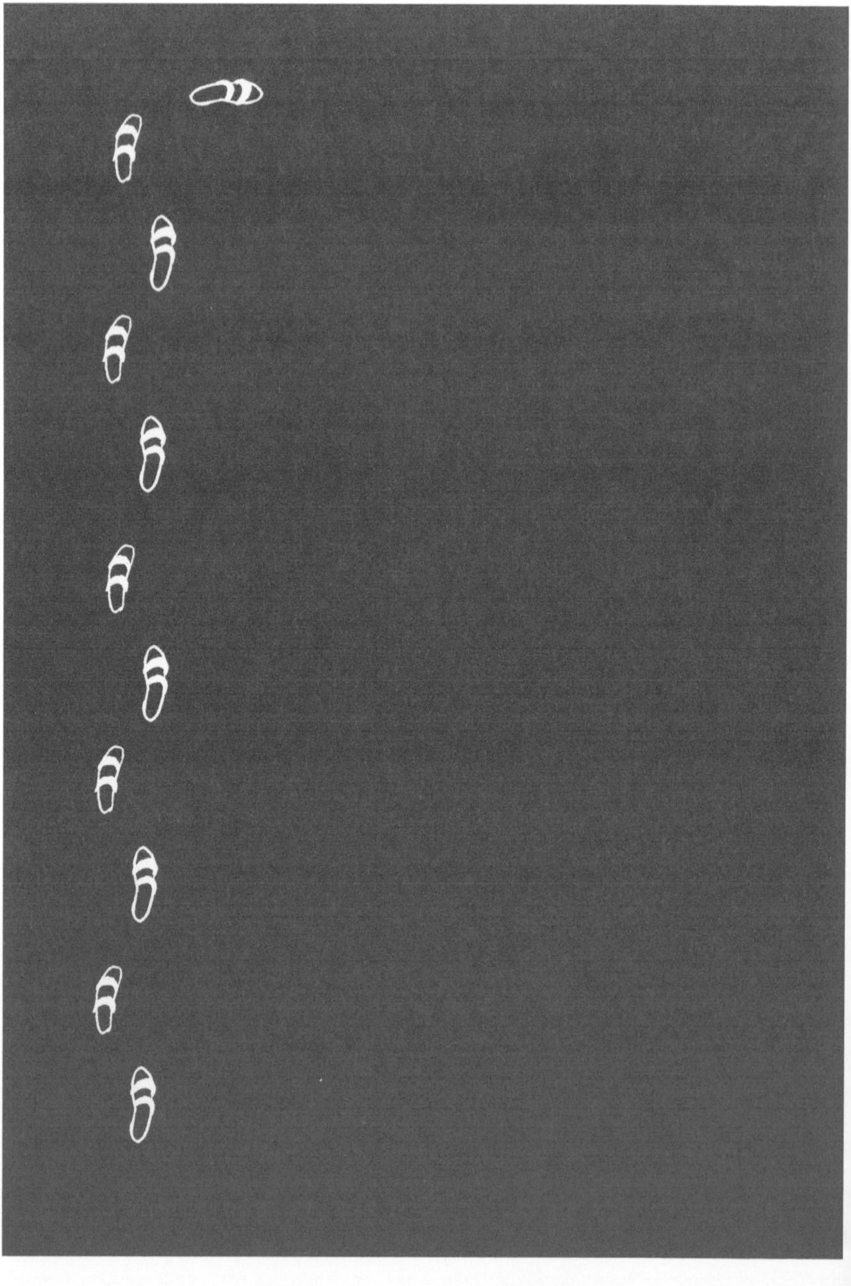

Der kleine Mönch räumt auf

Über das Kloster auf dem sanften Hügel, in dem der kleine Mönch lebte, war schon lange die Nacht hereingebrochen. Die Lichter waren ausgegangen und kühle Nachtluft umwehte den schlanken Glockenturm. Alle schliefen längst – nur der kleine Mönch lag noch wach in seinem Bett. Immer wieder wälzte er sich von links nach rechts und fand keinen Schlaf.

»Ich will ein Glas Wasser trinken, vielleicht wird es dann besser«, sagte er zu sich selbst. Ohne Licht zu machen, streckte er die Beine aus dem Bett, stand auf und setzte seine Schritte vorsichtig in die Dunkelheit.

»Autsch!« – sein nackter kleiner Zeh stieß an den Bücherstapel, den er gestern auf den Boden neben seinen Tisch gestellt hatte. Denn leider lagen so viele Dinge verstreut auf der Tischplatte, dass er dort keinen Platz mehr für die Bücher gefunden hatte.

Der kleine Mönch tastete nach der Stuhllehne, um sich nicht gleich wieder zu stoßen, machte einen Schritt und – »Autsch!« – trat auf etwas Kantiges: den Bleistiftspitzer, der wohl beim Wühlen auf dem Tisch heruntergefallen war.

Frustriert machte der kleine Mönch die nächsten Schritte zum Wasserhahn. Im Dunkeln tastete er nach dem Glas, das immer rechts am Waschbecken stand, und schubste dabei – »Plumps!« – die Rosenseife, die er sich auf dem Jahrmarkt gekauft hatte, vom Waschbeckenrand.

»Ich sollte wohl einmal aufräumen …«, stöhnte er leise. Er fand das Glas, schenkte sich ein und nahm drei kleine Schlucke. Er stellte das Glas ab – natürlich nicht, ohne dass die Zahnbürste dabei herunterfiel – und tapste vorsichtig zurück in sein Bett.

»Ich sollte wohl einmal aufräumen …«, sagte er noch einmal, und rieb sich den kleinen Zeh, der immer noch wehtat.

»Und morgen fange ich damit an!«

Nach dem Morgengebet und dem Frühstück stand der kleine Mönch in seiner Zelle und kratzte sich etwas ratlos am Kopf. »Wo soll ich bloß anfangen?«, überlegte er.

»Die Bücher, die auf dem Boden liegen, müssten eigentlich ins Bücherregal.«

Das Bücherregal war jedoch schon voll mit Sachen, die er von seinen Reisen mitgebracht hatte: eine Flasche Rotwein aus Italien, die er für einen besonderen Moment aufhob, vier Steine und drei Muscheln, die er vom Strand mitgebracht hatte, weil sie ihm so gut gefielen, die Teekanne, die er auf seiner Reise nach Japan geschenkt bekommen hatte, und so weiter.

Er hatte alles ins Regal gestellt, weil es immer mehr wurde – und ihn auf seinem Schreibtisch gestört hatte. Der wiederum lag voll mit Schreibzeug: bunte Stifte, die zu einem Bild gehörten, das der kleine Mönch angefangen hatte zu malen; die Schreibfeder, Tinte und das Briefpapier, das er brauchte, wenn er morgen dem Bischof einen Brief zum Geburtstag schreiben wollte; ein Ast, der fast die Form eines Engels hatte – der kleine Mönch hatte ihn im Garten entdeckt und mitgenommen, weil er daraus ein Geschenk für Vater Abt basteln wollte. Sein Gebetbuch natürlich auch. Ach nein, das lag – wo hatte er sein Gebetbuch noch mal hingelegt? Er fand es auf dem Fensterbrett neben dem Rosenstöckchen.

»Das Rosenstöckchen müsste auch wieder mal gegossen werden«, sagte sich der kleine Mönch und schaute zu der Stelle, wo die Gießkanne eigentlich stehen sollte. Dort lagen aber seine Sportschuhe, die er in Eile dort abgestellt hatte; die Gießkanne fand er am Waschbecken.

»Wo soll ich nur anfangen?«, stöhnte der kleine Mönch. Frustriert ließ er sich auf sein Bett fallen – und tat nichts.

Der kleine Mönch hatte so lange auf seinem Bett gelegen, dass schon die Mittagsglocke läutete, als er aus seinen Gedanken erwachte. Endlich raffte er sich auf.

»Ach was«, dachte er. »Ich bin ich, und meine Zelle ist eben so, wie meine Zelle ist – und der Vater im Himmel liebt mich, so wie ich bin; ihm ist es egal, ob ich aufräume ...«

Etwas gedankenverloren sang der kleine Mönch beim Stundengebet die Psalmen mit. Doch plötzlich verschlug es ihm die Stimme, denn der nächste Vers hieß:

»Herr, du bist es, der die Ordnung gegründet hat.«

Diesen Satz hatte er noch nie so richtig wahrgenommen. Er las die Worte noch einmal. Und dann noch einmal.

Und auf einmal war es ihm, als wäre der Vater im Himmel mit seiner ganz persönlichen Unordnung in seiner Zelle gar nicht so einverstanden.

Irgendwie schämte er sich plötzlich ein wenig.

Nach dem Chorgebet gingen die Mönche gemeinsam durch den Kreuzgang in den kleinen Speisesaal. Noch immer über Ordnung und Unordnung grübelnd, folgte der kleine Mönch seinen Mitbrüdern, wurde jedoch an der Tür vom Abt sanft festgehalten. »Du bist so in Gedanken«, sagte er.

Erschrocken stotterte der kleine Mönch: »Ich ... äh ja ...«

»Möchtest du nach dem Essen mit mir im Garten spazieren gehen?«, fragte der Abt.

»Ja, sehr gerne!«, antwortete der kleine Mönch gleich, und er war ein wenig erleichtert, dass er mit dem klugen Abt über seine Probleme sprechen könnte.

Wie verabredet trafen sie sich nach dem Essen im Garten. Sie liefen zunächst eine Weile schweigend nebeneinander her, dann fragte der kleine Mönch: »Vater Abt, mag mich der Vater im Himmel nicht, wenn ich unordentlich bin?«

»Oh doch«, antwortete der Abt: »Er mag dich genau so, wie du bist.« Sie liefen wieder ein paar Schritte, dann fügte der Abt hinzu: »Aber deine Unordnung kann dir selbst im Weg stehen. Und das hält dich vom Wesentlichen ab.«

Der kleine Mönch bemerkte seinen immer noch schmerzenden kleinen Zeh. »Ja, das stimmt wohl«, dachte er bei sich.

»Vater Abt, ich möchte Ordnung schaffen in meiner Zelle!«, sagte der kleine Mönch, und war selbst überrascht,

dass es so aus ihm herausbrach. »Doch ich weiß nicht, wo ich anfangen soll.«

»Du willst Ordnung schaffen? Das ist gut!«, antwortete der Abt. »Erinnerst du dich an deinen Urlaub in den Bergen?«

Der kleine Mönch nickte: »Ja natürlich! Die hohen Berge haben mir am Anfang etwas Angst gemacht, als wir an ihrem Fuße standen. Dann sind wir hinaufgewandert, immer höher, und die Aussicht von oben war wundervoll.«

»Siehst du«, sagte der Abt, »der Berg deiner Unordnung macht dir jetzt noch Angst. Doch die Reise zum höchsten Gipfel beginnt mit einem kleinen Schritt«, fügte er hinzu. »Beginne so: mit kleinen Schritten. Und Stück für Stück wirst du den Gipfel des Berges erreichen.«

Der kleine Mönch antwortete nichts. Er verneigte sich kurz zum Dank und sie beendeten ihre Runde im Garten in Schweigen.

Der kleine Mönch nahm sich vor, am nächsten Vormittag mit dem Aufräumen zu beginnen. Nach dem Frühstück ging er in seine Zelle zurück und überlegte den ersten kleinen Schritt.

»Die Bücher müssen vom Boden weg«, sagte er zu sich und legte den Stapel auf den kleinen Schreibtisch.

»Dafür muss ich hier erst Platz machen«, fuhr er fort, und nahm einen ungenutzten Kerzenständer, fünf Karten, die er zum letzten Geburtstag bekommen hatte, den Tischkalender, den er seit Wochen nicht mehr umgeblättert hatte, zwei Bleistifte, schon ziemlich abgestumpft, und die Lupe, die er für den Fall, dass er einmal etwas Kleingedrucktes nicht lesen konnte, aufhob, vom Tisch, um im Regal nach einem geeigneten Platz dafür zu suchen.

Da klopfte es an die Tür, und bevor der kleine Mönch »Herein!« rufen konnte, trat der Abt ins Zimmer. »Ah, wie ich sehe, sorgst du für Ordnung«, sagte er gleich.

»Ja, Vater Abt«, antwortete der kleine Mönch, »ich versuche kleine Schritte, wie Ihr es gesagt habt.«

»Gut!«, lobte ihn der Abt, und er setzte hinzu: »Ich habe noch ein Geschenk für dich, das dir bestimmt viel Freude machen wird!«

»Oh, das ist schön«, freute sich der kleine Mönch. »Zeigt her, was ist es?« Der Abt steckte die Hände in die tiefen Taschen seines Habits. »Schließe die Augen! Ich habe es hier, kann es dir aber erst sagen, wenn du es in Händen hältst.«

Eilig wandte sich der kleine Mönch wieder zum Regal – er hatte ja immer noch den Kerzenständer, den Kalender, die Karten, die Stifte und die Lupe in beiden Händen. »Wartet, ich will nur schnell ... Ach, das ist alles so voll hier ...«

Der Abt lächelte: »Merkst du, wie deine Unordnung dir nun gerade im Weg steht?« Und er fügte hinzu: »Nur wer loslässt, hat die Hände frei für das, was an Schönem kommen mag!«

Der kleine Mönch fühlte sich ertappt. Er stapelte die Sachen zurück auf den Tisch. »Nur wer loslässt, hat die Hände frei«, wiederholte er.

»So ist es«, antwortete der Abt: »Nur wer loslässt, hat die Hände frei – und auch das Herz!« Und damit drehte er sich um und ließ den kleinen Mönch mit seiner Unordnung allein.

»Nur wer loslässt, hat die Hände frei«, wiederholte der kleine Mönch noch einmal. »Aber das ist leichter gesagt als getan!«, jammerte er. »Jedes Andenken hier im Regal, die Schreibfeder, die Stifte, der Kalender, die Sportschuhe – sie sind ein Teil von mir, ein Teil meines Lebens!« Seine Stimme wurde anklagender: »All das hier erfüllt mich, macht mich ganz und zu dem, der ich bin!«

Wütend ließ er sich auf den Stuhl plumpsen – und landete mit einem lauten Knall auf dem Boden, weil er nicht daran gedacht hatte, dass er den Bücherstapel auf dem Stuhl abgelegt hatte.

»Himmel noch mal!«, fluchte er laut und wischte den Bücherstapel voller Zorn von der Sitzfläche.

Als er aufblickte, stand der Novizenmeister in der Tür, der die Zelle nebenan bewohnte. »Was machst du für einen unerträglichen Lärm?«, fragte er ungehalten.

»Es tut mir leid«, sagte der kleine Mönch, der sich plötzlich nur noch müde und traurig fühlte. »Aber schau dich einmal um – ich weiß einfach nicht, wo ich mit dem Aufräumen anfangen soll!«

Der Novizenmeister überlegte kurz, dann zeigte er auf fünf Bleistifte, die auf dem Schreibtisch lagen, und fragte: »Mit wie vielen Händen schreibst du?« »Natürlich nur mit einer!«, antwortete der kleine Mönch. »Und warum hast du dann fünf Stifte? Ein Stift für die Hand, einer als Reserve, das sollte doch genügen?« Diese Frage traf den kleinen Mönch. Er verstand und nickte kurz.

Der Novizenmeister zeigte zur Teekanne: »Nimm die Kanne in die Hand. Was fühlst du?« Der kleine Mönch nahm sie, schloss die Augen und begann feierlich: »Diese Teekanne habe ich in Japan von Meister Basho geschenkt bekommen.«

»Und?«, unterbrach ihn der Novizenmeister: »Macht sie dich glücklich?« »Glücklich?«, fragte der kleine Mönch erstaunt. »Nein, sie steht nur hier als Erinnerung.« »Wann hast du sie zum letzten Mal verwendet?«, bohrte der Novizenmeister weiter. »Verwendet habe ich sie noch nie«,

antwortete der kleine Mönch. »Aha«, machte der Novizenmeister. »Und wenn du nun den Platz im Regal anschaust: Was macht dich glücklicher? Die Kanne in deiner Hand oder der freie Platz im Regal?«

Der kleine Mönch schaute abwechselnd zur Kanne und zum Regal: »Es wäre schon schöner, wenn ich den Platz im Regal behalten könnte«, sagte er.

»Und was ist damit?«, fragte der Novizenmeister und zeigte auf eine der Muscheln vom Strand. »Die machen mich glücklich!«, sagte der kleine Mönch schnell. »Schau nur, wie schön sie sind: diese schimmernde Farbe, diese Form!«

»Mhm«, machte der Novizenmeister nachdenklich. »Die Steine und die Muscheln schauen mir aber doch recht verstaubt aus …« »Ach, das ist nur … das ist nur, weil ich sie so selten abstaube, und weil ich sie nur ab und zu in die Hand nehme. Ich komme ja kaum dazu«, sagte der kleine Mönch, fast ein wenig traurig.

»Du solltest dir überlegen, ob du die schöne Erinnerung an den sonnigen Strand mit seinen Muscheln und Steinen nicht lieber im Herzen bewahrst, als unter einer Staubschicht im Regal«, antwortete der Novizenmeister.

Er blickte auf den Bücherstapel, der jetzt verstreut auf dem Boden lag. »Dieses Buch hier: ›Einführung in das meditative Bogenschießen‹ – ich wusste gar nicht, dass du unter die Bogenschützen gegangen bist?«

»Nein, das bin ich nicht! Ich hatte mir das Buch gekauft, weil das Thema so interessant klang«, antwortete der kleine Mönch.

»Und wann beginnst du mit dem meditativen Bogenschießen?«, forschte der Novizenmeister weiter.

»Ich … weiß nicht«, stotterte der kleine Mönch unsicher, »vielleicht in ein paar Monaten …« »Oder vielleicht auch nie?«, fragte der Novizenmeister weiter.

»Vielleicht«, sagte der kleine Mönch resigniert.

»Dann wäre es wohl besser, du könntest auch hier loslassen. Du kennst doch das Wort des Predigers: ›Alles hat seine Stunde. Für jedes Geschehen unter dem Himmel gibt es eine Zeit: eine Zeit zum Behalten und eine Zeit zum Loslassen.‹«

Dann läutete die kleine Glocke des Klosters, und die beiden gingen schweigend zum Mittagsgebet.

Der kleine Mönch arbeitete wirklich hart in den nächsten Tagen: Schritt für Schritt und Stück für Stück betrachtete er seine Sachen ganz genau, mit den Augen und mit dem Herzen. Die Kiste, auf die er mit großen Buchstaben »Loslassen« geschrieben hatte, war schon gut gefüllt.

Als er mit dem Aufräumen fertig war, blickte er sich zufrieden um: Die Gießkanne stand wieder auf ihrem Platz am Fenster (die Blumen hatte er schon gegossen), die Sportschuhe standen neben der Tür, zwei Stifte lagen

schreibbereit mit dem Spitzer und dem Radiergummi (den hatte er unter ein paar alten Prospekten gefunden) auf dem Schreibtisch, kurzum: Alles war an seinem Platz.

»Was für eine wundervolle Aussicht!«, sagte der kleine Mönch feierlich.

Dann setzte er sich aufs Bett, nahm das Buch, das er sich beim Aufräumen auf seinem Nachttisch bereitgelegt hatte, schlug es auf und fügte hinzu: »Und morgen beginne ich mit dem Bogenschießen!«

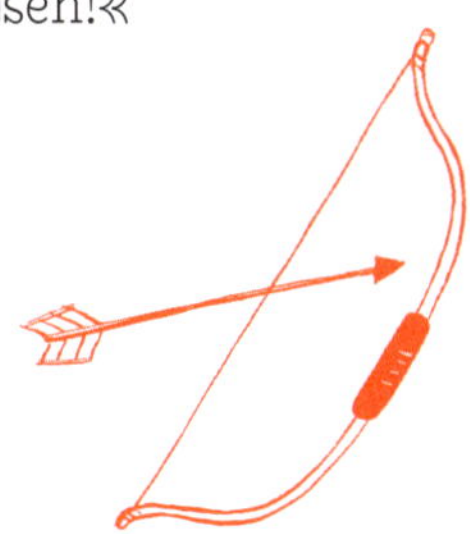

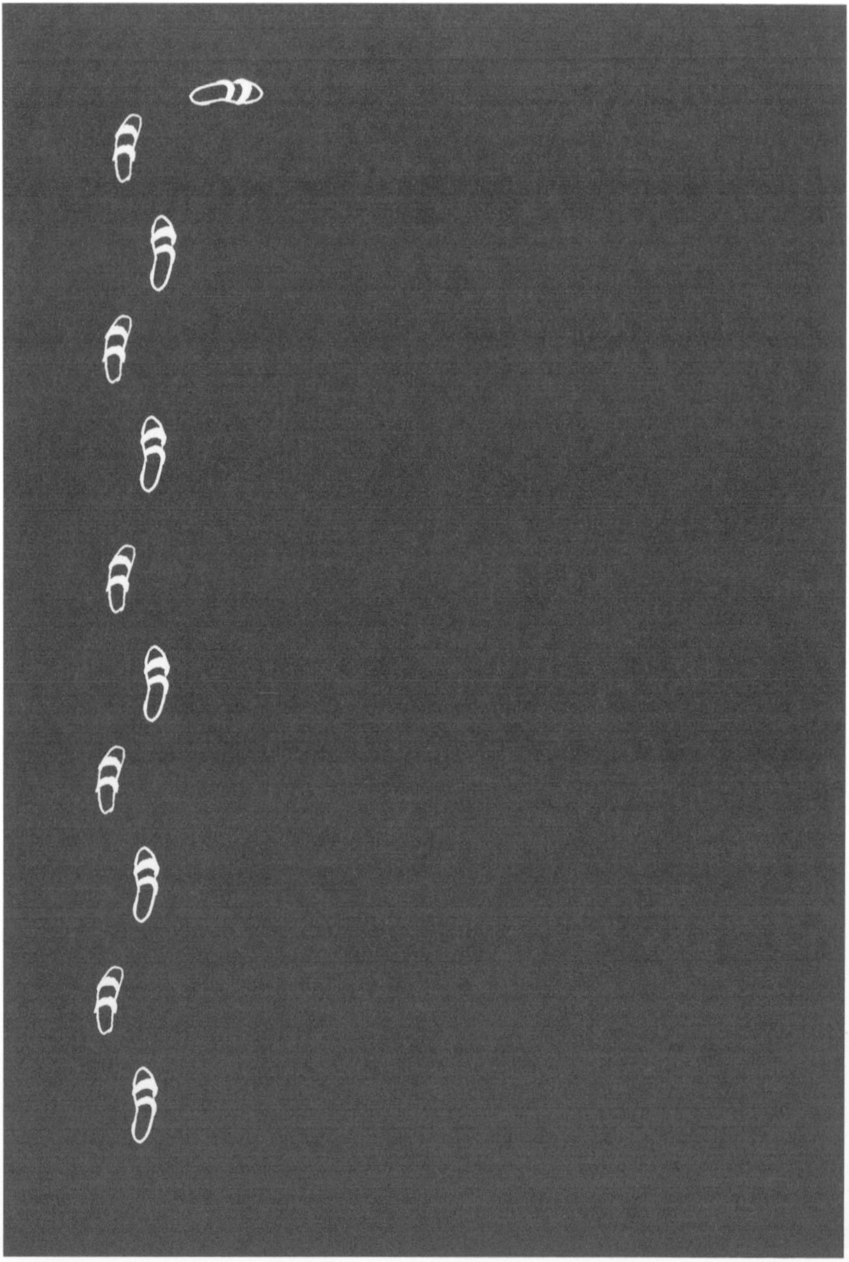

Der kleine Mönch malt ein Mandala

Der kleine Mönch hatte heute keinen Küchendienst. Es war ja Donnerstag, und donnerstags traf er sich immer mit dem Novizenmeister, der im Kloster für die jungen Mönche zuständig war. Er konnte sich nach dem Mittagessen also noch ein wenig ausruhen und machte sich dann zum Treffen auf.

»Weißt du, was ein Mandala ist?«, fragte der Novizenmeister, nachdem sie sich begrüßt hatten. Der kleine Mönch schaute auf den Tisch, auf dem viele verschiedenfarbige Buntstifte lagen. »Nein, keine Ahnung«, antwortete er. Und er ergänzte: »Hat das was mit Ausmalen zu tun?« Er erinnerte sich mit Schrecken an seine Kindergartenzeit: Ausmalen war so gar nicht sein Ding. Sorgfältig musste man da sein, bloß nicht über die Linien malen. Außerdem brachen die Stifte ständig ab, und es dauerte immer so unendlich lang.

»Du hast recht!«, erwiderte der Novizenmeister fröhlich, der das Entsetzen im Gesicht des kleinen Mönchs gesehen hatte. »Wir malen heute etwas aus!«

Er reichte dem kleinen Mönch ein paar Blätter, auf denen sich in jeweils einem großen Kreis viele unterschiedliche Muster wiederholten. »Such dir eins aus«, sagte er dazu.

Der kleine Mönch hatte eigentlich gar keine Lust dazu und nahm sich daher einfach gleich das oberste Blatt. »Himbeeren«, dachte er bei sich, als er auf das Blatt sah. »Na toll, hundert Himbeeren zum Ausmalen.«

»Wunderbar«, sagte der Novizenmeister, »und los geht's!«

»Sonst nichts?«, fragte der kleine Mönch. »Keine weiteren Anweisungen?«

»Sonst nichts«, antwortete der Novizenmeister, »Stift aussuchen und loslegen!«

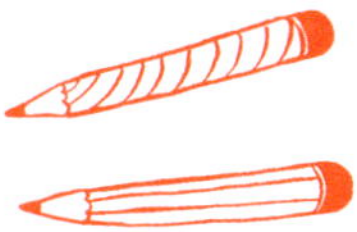

»Pffff«, machte der kleine Mönch gelangweilt. Er nahm sich einen himbeerroten Stift, rutschte etwas auf dem Stuhl hin und her (war der immer so unbequem?), sah den dicken Holztisch vor sich an (war der immer so abgenutzt?), sah zum Fenster (waren die Gardinen schon immer so grau?) und ...

»Anfangen!«, befahl der Novizenmeister.

Der kleine Mönch seufzte resigniert und fasste den Stift fester. Die kleineren Himbeeren in der Mitte gefielen ihm etwas besser, also begann er damit. Eine, zwei, drei, vier, fünf ...

»Mühselig«, dachte er bei sich und malte weiter. Ihm fiel ein, dass er als Kind im Garten der Tante auch immer Himbeeren pflücken musste (oder durfte?). Es kam ihm damals immer so vor, als würde das Körbchen nie voll werden. Er erinnerte sich, dass irgendwann der Punkt kam, an dem sich ein schönes Häufchen im Korb gebildet hatte und die Himbeeren dann richtig appetitlich aussahen. Dann durfte man natürlich auch davon naschen. »Hmmm, lecker«, dachte der kleine Mönch bei sich. Und ohne weiter darüber nachzudenken, malte er weiter. Natürlich pflückte die Tante damals immer mit und war auch sehr lustig dabei.

Überhaupt war sie die beste Tante, die man haben konnte. Immer fröhlich, ach ja und unternehmungslustig! »Was für schöne Ausflüge wir immer gemacht haben«, träumte der kleine Mönch und erinnerte sich an viele Wanderungen und vor allem an die Pausen im Schatten irgendeines riesigen Baumes, wenn die Sonne allzu heiß brannte.

In diesem Moment fiel dem kleinen Mönch auf, dass die großen Himbeeren auf dem Blatt gar keine Himbeeren, sondern Brombeeren waren. Wenn nämlich die Sonne im Sommer so richtig Kraft hatte, waren die riesigen Brombeeren reif, die im Garten der Tante an der sonnenheißen Steinmauer wuchsen.

Brombeeren mochte er noch lieber als Himbeeren, die dufteten immer schon von Weitem, wenn sie mit den Körbchen zur Mauer kamen. Da war es ganz egal, wie heiß es war, alle halfen mit, die süßen Früchte –

»Ah, ich sehe, du bist fertig«, unterbrach der Novizenmeister. »Wie geht es dir?«

»Oh«, machte der kleine Mönch und blinzelte, als würde ihn die Sommersonne an der heißen Brombeerhecke noch in den Augen kitzeln.

Ihm war, als plumpste er eben aus großer Höhe mitten in die Gegenwart des muffeligen Zimmers.

»Ich war ...«, und er stockte – sollte er wirklich von seiner Tante erzählen?

»Ich weiß«, sagte der Novizenmeister, und nach einer Pause fügte er hinzu: »Ich weiß, wie weit man auf so einem Buntstift fliegen kann!«

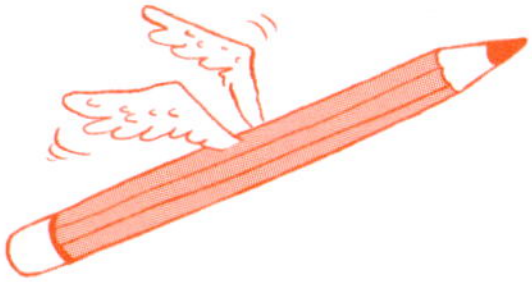

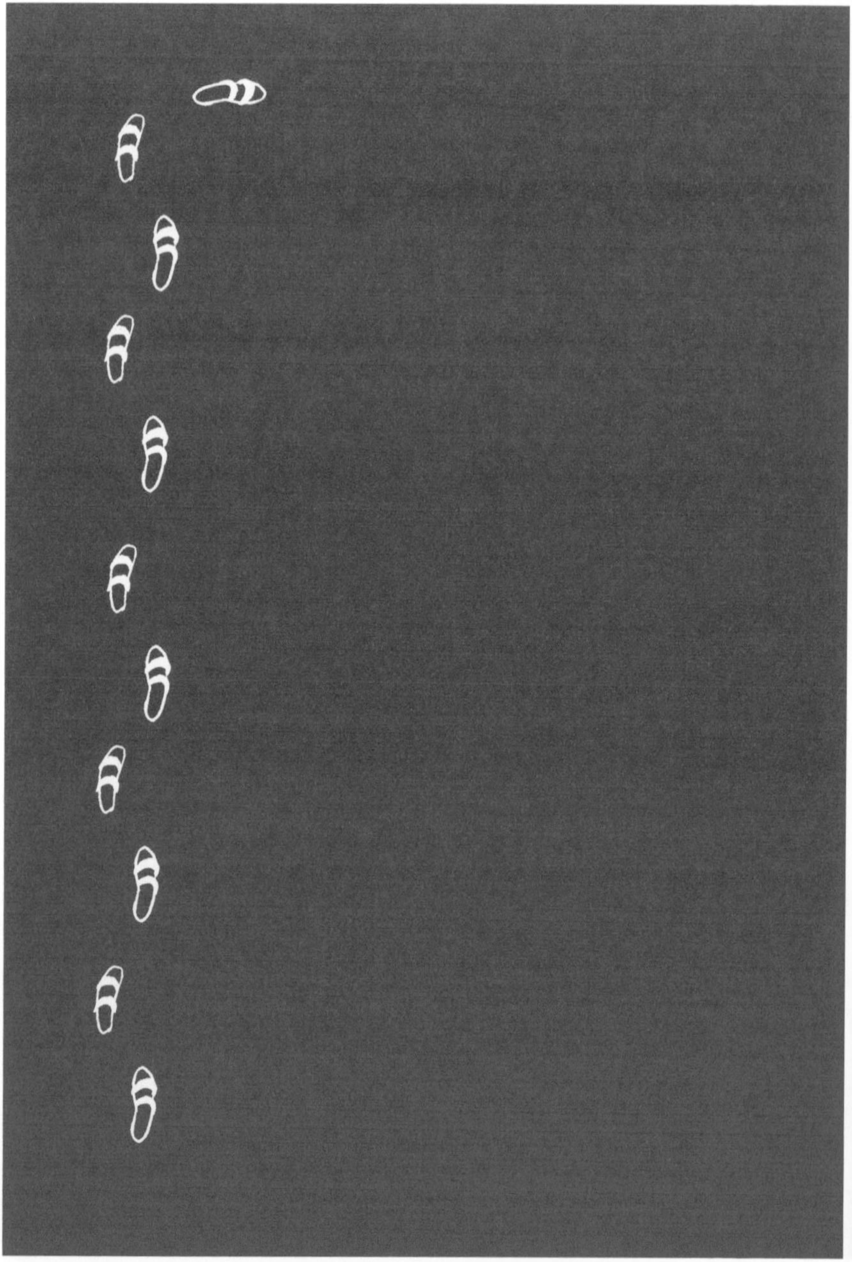

Der kleine Mönch und das geschenkte Vertrauen

Etwas nervös trat der kleine Mönch aus seiner Zelle und schloss die Tür hinter sich. Er hatte miserabel geschlafen. Was der Abt wohl von ihm wollte? Gestern Abend, nach dem Essen hatte er den kleinen Mönch beiseite genommen und ihn gebeten, heute vor dem Mittagsgebet in sein Arbeitszimmer zu kommen.

»In sein Arbeitszimmer ...«, grübelte der kleine Mönch zum hundertsten Mal, als er mit etwas unsicheren Schritten den langen Flur entlangging. »Sonst lädt der Abt mich immer ein, im Garten mit ihm spazieren zu gehen, oder er besucht mich in der Küche. In sein Arbeitszimmer wurde ich noch nicht bestellt; das ist bestimmt wichtig ...«

Und wie schon die ganze Nacht überlegte er wieder von vorne: Hatte er etwas falsch gemacht? Hatte er beim Spülen des Geschirrs in der Klosterküche zu laut gesungen? Hatte der Abt bemerkt, dass er manchmal im Chorgebet etwas unaufmerksam war? Hatte er vergessen, im Garten die Salatköpfe zu gießen? Oje, ihm fielen so viele Dinge ein.

Und so kam er in Gedanken versunken an der Tür zum Arbeitszimmer des Abtes an. Er atmete tief durch und klopfte vorsichtig. »Herein!«, rief der Abt von drinnen. Der kleine Mönch trat ein. Der Abt stand gut gelaunt am Regal und nahm ein paar Bücher heraus. »Urlaubslektüre, weißt du?«, sagte er fröhlich. »Ich fahre nämlich ein paar Tage weg! Ach, und ich hätte da eine Bitte an dich!«

»Ja ... gerne«, stotterte der kleine Mönch, der irgendwie etwas ganz anderes erwartet hatte.

Der Abt legte die Bücher in den bereitstehenden Rucksack und sagte wie nebenbei: »Ich möchte, dass du in der Zwischenzeit unser Kloster leitest.«

Der kleine Mönch konnte nicht glauben, was er eben gehört hatte. Er schnappte nach Luft und fand kaum Worte. »Ich ... aber ich ...«

»Ach, das schaffst du«, fiel ihm der Abt ins Wort, »Ich vertraue dir!«

5

Der kleine Mönch brauchte ein wenig, bis er sich gefangen hatte. »Seid Ihr Euch sicher?«, fragte er nach. »Ja, ich bin mir sicher«, antwortete der Abt, und er wiederholte: »Ich vertraue dir!« »Das freut mich«, sagte der kleine Mönch etwas verlegen, »aber werden die Mitbrüder mir auch vertrauen?«

Der Abt lud den kleinen Mönch ein, sich zu setzen, und sie nahmen auf den großen roten Sesseln in der kleinen Besprechungsecke Platz. »Ui, ist der Sessel aber bequem«, sagte der kleine Mönch erstaunt. »Ja«, sagte der Abt lachend, »hier dürfen nur besondere Leute sitzen!« Und er fuhr fort: »Weißt du, Vertrauen enthält ein bisschen Magie: Wenn ich dir sage, dass ich dir vertraue – was spürst du?«

»Es fühlt sich gut an«, antwortete der kleine Mönch, »fast so, als würde ich ein bisschen wachsen.«

»Genau das ist es«, sagte der Abt. »Wenn ich dir vertraue, dann wächst auch dein eigenes Vertrauen in dich. Und es funktioniert sogar umgekehrt: Wenn du mit einem gesunden Selbstvertrauen auf andere zugehst und ihnen zeigst, dass sie dir vertrauen können, werden sie lernen, dir zu vertrauen.«

»Das braucht ja aber ein bisschen Zeit«, ergänzte der kleine Mönch. Und der Abt antwortete: »Ja, da hast du recht. Das dauert ein bisschen. Aber du kennst hier die Mönche ja schon und sie kennen dich; da geht es etwas schneller. Du wirst sehen: Vertrauen bewirkt Wunder.«

Die Glocke läutete und so gingen sie zum Mittagsgebet und dann zum Essen. Als alle fertig waren, erhob sich der Abt von seinem Platz im Speisesaal und hielt eine kurze Ansprache, in der er sich von seinen Mönchen in den Urlaub verabschiedete. Dann rief er den kleinen Mönch zu sich, ließ ihn auf seinem Stuhl Platz nehmen und verkündete: »Und er wird in der Zwischenzeit eure Gemeinschaft führen.« Die anderen Mönche waren erstaunt, nickten dem kleinen Mönch aber freundlich zu, und ihm war, als ob er wieder ein Stück wachsen würde.

Nach dem Essen half der kleine Mönch dem Abt, seine Koffer zum Auto zu tragen und blieb nach der Verabschiedung noch am Tor des Klosters stehen, bis das Auto um die nächste Kurve gebogen war.

Nun stand der kleine Mönch alleine da und ihm wurde etwas schwer ums Herz. »Na ja, wird schon gutgehen«, dachte er bei sich, »Ich vertraue mal darauf …« und ging zurück ins Haus.

Der Abt hatte ihm den Schlüssel für sein Arbeitszimmer überlassen und er konnte der Versuchung nicht widerstehen, sich noch einmal in diesen bequemen Sessel zu setzen.

Lange währte die Freude jedoch nicht, denn schon bald klopfte es an der Tür. Der kleine Mönch öffnete, und vor ihm stand der Mönch, der in dieser Woche Koch des Klosters war:

»Entschuldigung, dass ich störe«, begann er, »aber Vater Abt hat vergessen mir zu sagen, was ich am Tag seiner Rückkehr zum Mittagessen kochen soll.«

»Ah«, sagte der kleine Mönch, und dachte kurz nach – er glaubte nämlich nicht wirklich, dass der Abt es vergessen hatte. Und dann beschloss er, etwas auszuprobieren: »Ich hätte gerne mit Reis gefüllte Paprika zum Mittagessen!«

Der Koch stutzte kurz: »Oh, das hab ich ja noch nie gemacht. Ob ich das hinbekomme?«

»Ich vertraue dir«, sagte der kleine Mönch.

Der kleine Mönch verbrachte den Rest des Tages im Garten, bis ihm etwas einfiel: Als Stellvertreter des Abtes durfte er nicht nur bei den Gebetszeiten auf dessen Platz sitzen, er musste auch die Texte vorlesen, die er normalerweise vorlas. Nach einem kurzen Schrecken – vor allen Mönchen vorlesen mochte er nämlich nicht so gern – beruhigte er sich: »Vater Abt hat es mir anvertraut, und so kann ich mir selbst es auch zutrauen!« Beim Abendgebet nahm er also den Platz des Abtes ein und las die Texte vor.

Nicht einmal ein kleines bisschen nervös war er. »Vertrauen bewirkt eben doch Wunder, Vater Abt hat es ja gesagt!«, dachte er bei sich. Und dann fiel ihm im Psalm 52, der eben gesungen wurde, ein Vers auf: »Ich aber bin wie ein grünender Ölbaum im Haus Gottes, ich vertraue auf die Güte Gottes immer und ewig.« »Das ist schön«, dachte er bei sich. »Wir dürfen Gott vertrauen, das gefällt ihm bestimmt!«

Und weil er heute so viel gelernt hatte, überlegte er weiter: »Es ist ja auch umgekehrt so: Gott traut sicher auch uns etwas zu – und wenn schon das Vertrauen eines Menschen in uns Wunder bewirkt, wie viele Wunder müssen dann geschehen, wenn Gott uns vertraut oder etwas zutraut oder anvertraut! Was müsste uns das für ein Selbstvertrauen geben, wenn wir das wirklich ernst meinten ...«

Ganz schwindelig wurde dem kleinen Mönch bei solchen Gedanken. Und er war froh, als die letzten Worte des Abendgebets gesprochen waren und er erschöpft von so vielen neuen Gedanken ins Bett fallen durfte.

Der kleine Mönch lernte viel in diesen Tagen, die schneller vergingen, als er befürchtet hatte. Natürlich ließ er es sich nicht nehmen, sein Buch ein paar Mal nicht im Garten, sondern im bequemen Sessel des Abtes zu lesen – aber er war doch froh, als dieser dann, fröhlich am Tor hupend, aus dem Urlaub zurückkehrte.

Der kleine Mönch lief ihm entgegen und half ihm wieder mit dem Gepäck. »Und, wie war es?«, fragte der Abt lachend. »Steht das Kloster noch?« »Naja«, antwortete der kleine Mönch amüsiert, »Ihr werdet es sehen ...«

Auch wenn der kleine Mönch wusste, dass er in den letzten Tagen innerlich ein bisschen gewachsen war, freute er sich, dass er beim Mittagsgebet und beim Mittagessen wieder an seinem Platz sitzen durfte. Und als das Mittagessen hereingebracht wurde, blickte er neugierig zum

Abt, der sein Erstaunen beim Öffnen der Schüssel kaum verbergen konnte.

Nach dem Essen half der kleine Mönch wie gewohnt dem Koch in der Klosterküche mit dem Abwasch. Da betrat der Abt den Raum und begann gleich: »Also so etwas Leckeres! Gefüllte Paprikaschoten hatte ich ja schon ewig nicht mehr!«

Der kleine Mönch zwinkerte dem Koch zu. »Ja, das ist eines der Wunder, die hier in den letzten Tagen geschehen sind.«

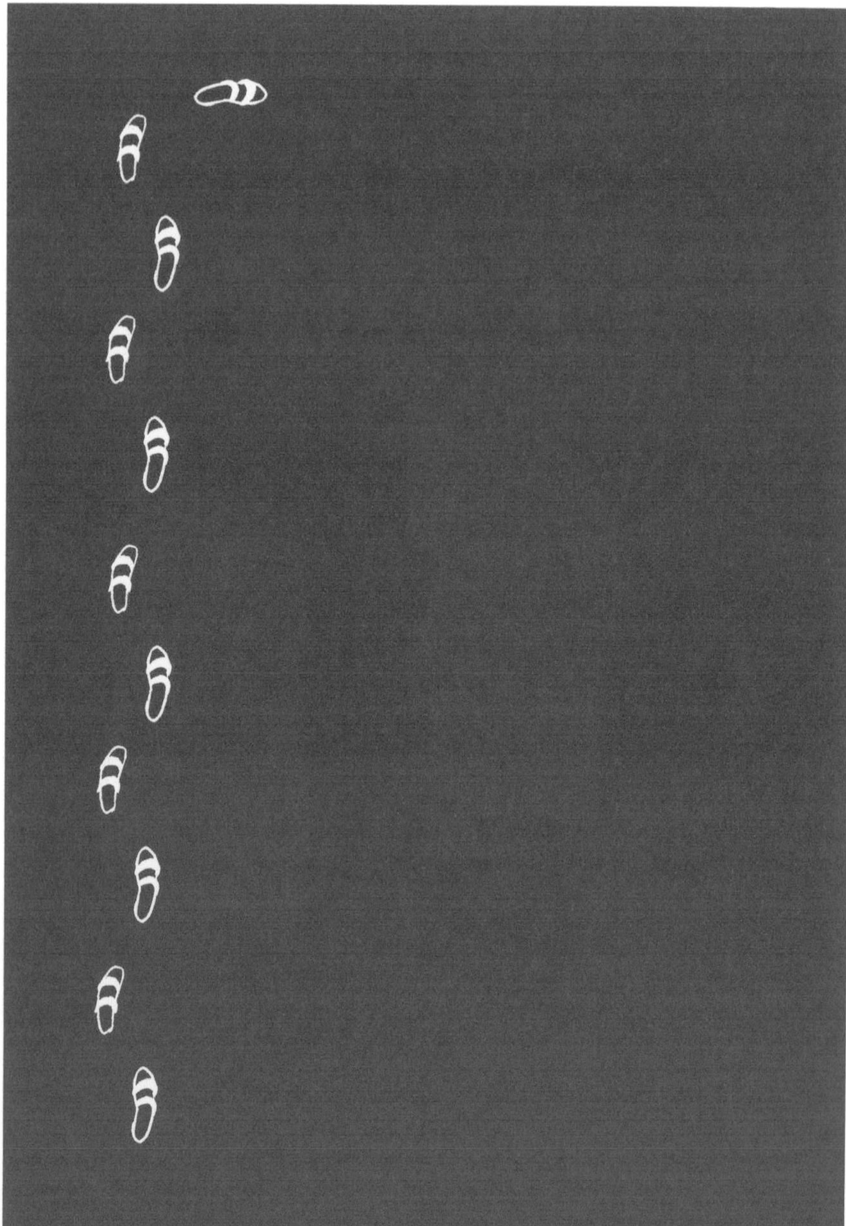

Der kleine Mönch und die Antwort der Sterne

Heute war Feiertag im kleinen Kloster, also blieben die Mönche nach dem Abendessen länger zusammen sitzen. Und weil die Nacht zwar schon hereinbrach, aber angenehm lau schien, hatte der Zellennachbar des kleinen Mönchs vorgeschlagen, in den Garten zu gehen.

Die beiden Mönche setzten sich auf die Bank im Gemüsegarten, gleich neben den Bienen, und als der kleine Mönch sich zurücklehnte und in den Himmel schaute, entfuhr ihm ein staunendes »Oh!« Der andere Mönch

folgte seinem Blick und lächelte. »Sieh nur«, sagte der kleine Mönch, »wie wunderschön die Sterne sind!« Und auch sein Zimmernachbar bemerkte: »Ja, kein einziges Wölkchen am Himmel, und so wunderbar dunkel rundherum!«

Sie konnten den Blick gar nicht mehr vom Himmel abwenden. Nach einer Weile, in der sie einfach nur still dagesessen hatten, kam der Abt des Klosters und setzte sich leise neben sie auf die Bank.

»Wunderbar, nicht?«, meinte er nur. Und nach einer längeren Pause fügte er hinzu: »Wisst ihr, was die Sterne uns sagen?«

Der kleine Mönch blickte ihn verblüfft an: »Ihr meint Sternedeuten oder so?«

»Nein«, lachte der Abt, und fuhr fort: »Nun, du weißt vermutlich, dass früher die Seefahrer die Sterne genutzt haben, um herauszufinden, wo sie sich gerade befanden.«

»Ja«, sagte der kleine Mönch, »mit Sextant und Zirkel und Karte.«

Der Abt antwortete: »Ganz genau. Und das finde ich faszinierend. Man könnte es auch so betrachten: Nicht diejenigen, die bei dir sind oder mit dir gehen, können dir sagen, wo du gerade bist, sondern du musst nach oben blicken, über deine Welt hinaus, in die Sterne, um Antwort zu finden auf deine Frage.«

»Von einem höheren Standpunkt aus also?«, fragte der kleine Mönch.

Der Abt nickte zustimmend.

»Dazu brauche ich aber eine Karte!«, fiel dem Zellennachbar ein.

»Richtig«, antwortete der Abt. »Du brauchst eine Landkarte, wenn du wissen willst, wo du dich befindest.«

So saßen sie noch eine Weile schweigend und gingen dann ebenso still in ihre Zimmer.

Den kleinen Mönch hatten dieser Abend und die Worte des Abtes sehr bewegt, und so hatte er sich vorgenommen, die lauen Abende dazu zu nutzen, um unter dem Sommerhimmel mit den Sternen ins Gespräch zu kommen.

Einige Abende saß er da, staunte über die Weite, verfolgte die Sternschnuppen und bisweilen kam ihm auch ein leises Gebet über die Lippen.

Doch nach einiger Zeit verflog der Zauber der Sommernächte, und ihm kamen der Himmel und die Sterne immer stiller und einsamer vor.

Hatte der Abt nicht gesagt, man könne sich mit den Sternen selbst finden? Der kleine Mönch hatte nicht das Gefühl, dass seine Fragen beantwortet worden wären, und war ein wenig enttäuscht.

Als er wieder einmal an einem Abend im Klostergarten dem Abt begegnete, fasste sich der kleine Mönch ein Herz und sprach ihn an: »Wisst Ihr, Vater Abt«, begann er, »ich habe jetzt einige Abende hier unter dem Sternenhimmel gesessen und nach oben geblickt. Es war auch sehr schön, aber Antworten habe ich keine gefunden.«

Der Abt sah ihn erstaunt an. Dann sagte er: »Komm, setzen wir uns einen Augenblick.« Als sie sich auf eine Bank niedergelassen hatten, meinte der Abt: »Tatsächlich, das kann sein. Die Sterne sind ja auch weit weg.« Er machte eine Pause und fuhr dann fort: »Über seinen eigenen Horizont hinauszuschauen muss ja nicht gleich heißen, so sehr in die Ferne zu gehen. Es gibt ja auch Sterne, die uns weit näher sind.«

»Das verstehe ich nicht«, entgegnete der kleine Mönch.

»Wen fragst du zum Beispiel, wenn du nicht weiterweißt?«, fragte der Abt.

Der kleine Mönch musste nicht lange überlegen: »Ich frage Euch, Vater Abt!« Der Abt lächelte ihn erfreut an.

Der kleine Mönch überlegte noch eine Weile, dann fuhr er fort: »Ihr und die anderen Mönche gebt mir Antworten auf meine Fragen. Eure Einschätzungen, Meinungen und Antworten sind mir wichtig.« Er schwieg wieder eine Weile und der Abt schaute ihn nur weiter lächelnd an. Irgendwann sagte der kleine Mönch: »Also seid ihr« – er machte eine Pause – »meine Orientierung, meine Sterne.«

Der Abt nickte: »So könnte man es sagen.« Und er fügte hinzu: »Und was ist mit dir?«

»Ich?«, fragte der kleine Mönch. »Ich bin doch kein Stern! Ich stelle mehr Fragen, als ich Antworten habe. Ich spiele lieber Klavier, als schlaue Bücher zu lesen. Ich mache lieber Gartenarbeit oder die Arbeit in der Küche, als zu predigen.«

Der Abt schwieg wieder eine Weile. Dann meinte er: »Du stellst aber solche Fragen, die mich dazu bringen, für mein Leben die Antworten immer wieder neu zu finden. Du spielst so schön Klavier, dass ich in deiner Musik erst begreife, was in den schlauen Büchern nicht ausgedrückt werden kann. Du pflegst mit solcher Liebe den Garten und spülst die Töpfe mit solcher Hingabe, dass jeder Prediger dazu bei dir in die Schule gehen könnte. Und du meinst, du bist kein Stern?«

Der kleine Mönch schluckte, denn diese Worte rührten ihn sehr. »Ich bin ein Stern«, brachte er heraus – und es war halb eine Frage, halb eine Feststellung.

Der Abt nickte, erhob sich und ging nach drinnen. Der kleine Mönch konnte noch nicht aufstehen. Er lehnte sich zurück, schaute in den unglaublich hellen Sternenhimmel und atmete tief durch.

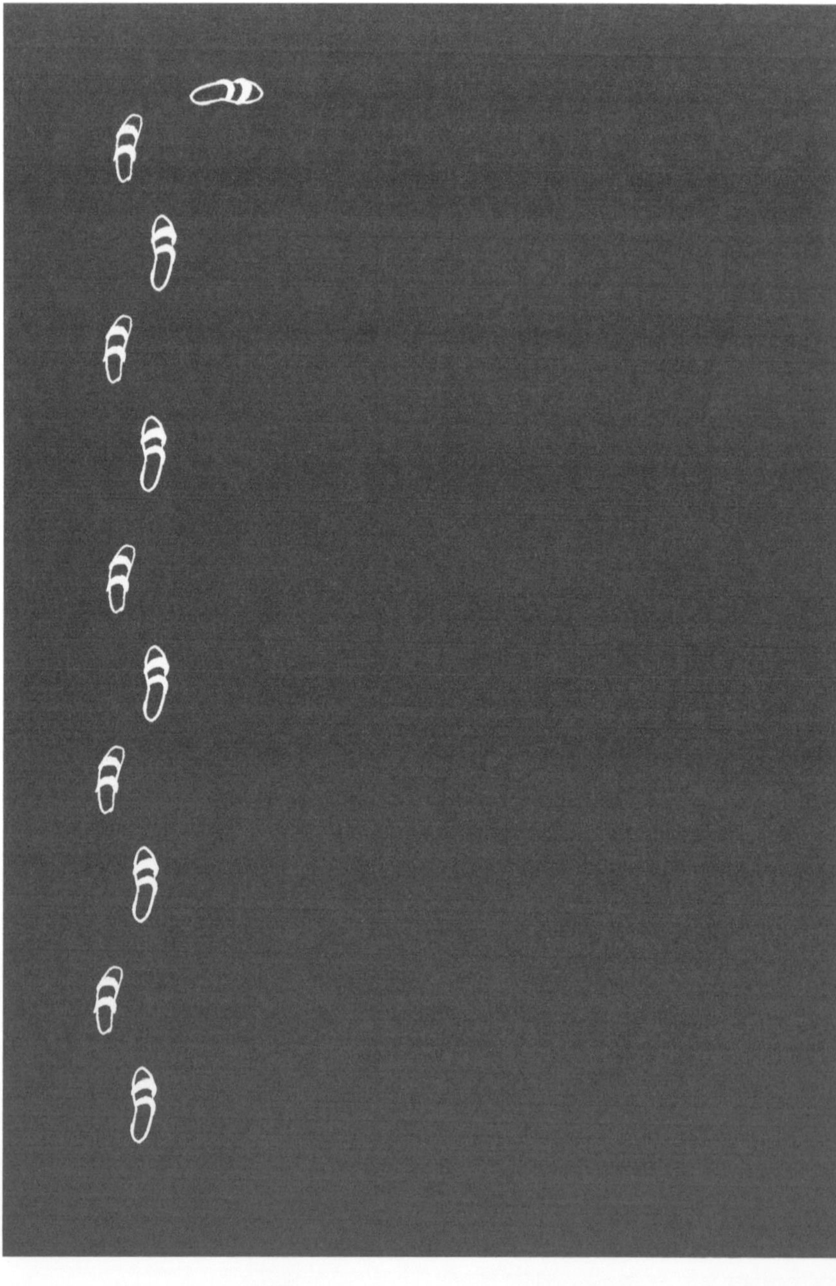

Der kleine Mönch und das große Glück

Trübsinnig blickte der kleine Mönch aus dem kleinen Fenster seiner Klosterzelle. So weit man sehen konnte, war der Himmel grau. Obwohl er schon die dicken Socken angezogen hatte, fröstelte ihn. Die Glocke läutete zum Stundengebet, und mit hängenden Schultern machte sich der kleine Mönch auf den Weg in die Kirche.

Am Ende des Ganges kam ein Mitbruder aus seiner Zelle. »Guten Morgen«, grüßte er fröhlich.

»Hmnja, 'n Morgen«, nuschelte der kleine Mönch in seinen nicht vorhandenen Bart.

»Wohl noch nicht ganz wach heute, was?«, fragte der Mitbruder gut gelaunt. Der kleine Mönch schaute auf und sah verdrossen durchs Fenster.

»Ach, es ist alles so grau heute und so trübes Wetter«, erwiderte er.

»Na, komm schon«, versuchte ihn der Mitbruder aufzuheitern: »Gib dem Tag eine Chance! Ist der Himmel grau, nimmt die Sonne doch bloß einen neuen Anlauf!« Der kleine Mönch seufzte nur.

Im Morgengebet stimmten die Vorsänger Psalm 128 an. Der kleine Mönch sang leise mit: »Du sollst dein Leben lang das Glück Jerusalems schauen.«

Da dachte er an den grauen Himmel vor seinem Fenster: »Das Glück Jerusalems, was für ein großes Glück das sein muss – naja, aber sicher nicht bei so einem Wetter ...«

Mit solchen Gedanken ging er nach dem Gebet zum Frühstück. Ausgerechnet heute, an einem Samstag, wo er nicht arbeiten musste, war so schlechtes Wetter! Das machte den kleinen Mönch fast schon wütend.

»Na, immer noch so trübsinnig?«, fragte ihn der Mitbruder, als sie sich vor der Kirche wieder begegneten. Er überlegte kurz und zog den kleinen Mönch dann am Ärmel: »Komm mal mit, ich zeig dir etwas!«

Der kleine Mönch nickte und schlurfte dem Mitbruder hinterher. Sie kamen in den Kreuzgang, zum großen Wandmosaik, auf dem Maria mit dem Jesuskind dargestellt ist. Der kleine Mönch mochte es, denn es hatte leuchtende Farben, und bei seinem Anblick fühlte er sich immer ein wenig wie das Kind, das Maria mit ihren gütigen großen Augen liebevoll anschaut.

Unvermittelt blieb der Mitbruder stehen. Er winkte den kleinen Mönch zu sich heran, ganz nahe ans Mosaik.

»Siehst du diese Steinchen?«, fragte er. Der kleine Mönch trat näher heran, um zu sehen, auf was genau er zeigte. Die Steinchen waren schwarz und dunkel und nicht besonders farbenfroh.

»Und jetzt geh fünf Schritte zurück«, sagte der Mitbruder. Der kleine Mönch tat wie geheißen und war überrascht: Die kleinen, unscheinbaren Steinchen, auf die der Mitbruder immer noch zeigte, waren die freundlichen Augen Marias!

Der Mitbruder bemerkte seine Überraschung:

»Stell dir vor, es gäbe diese dunklen, unscheinbaren Steinchen nicht – dann würde das Wichtigste fehlen und das Bild wäre nicht komplett! Ist es nicht ein Glück, dass die Steinchen hier sind?«, fragte er ihn mit einem Lächeln.

Der kleine Mönch nickte staunend:
»Ja, da hast du recht.«

Etwas ungeduldig zog ihn der Mitbruder wieder am Ärmel: »Komm!«, und sie gingen um die Ecke des Kreuzganges in die kleine Küche des Klosters.

Der Mitbruder nahm einen Apfel. »Magst du Äpfel?«, fragte er den kleinen Mönch.

»Ja, natürlich, die sind lecker«, antwortete dieser. »Aber weißt du auch, dass das größte Glück im Inneren des Apfels liegt?«

Mit dieser Frage schnitt der Mitbruder den Apfel in der Mitte durch und zeigte ihn dem kleinen Mönch.

»Siehst du die Kerne? Weißt du, wie sie schmecken?«, fragte er.

»Ja«, erwiderte der kleine Mönch, »sie schmecken etwas bitter ...«

»... und doch sind sie das Wichtigste am Apfel«, fiel ihm der Mitbruder ins Wort, »denn aus ihnen entsteht neues Leben!«

Wieder war der kleine Mönch erstaunt: »So habe ich das ja noch nie gesehen! Du hast recht, was für ein Glück, dass es die bitteren Kerne gibt!«, und ein Lächeln zauberte sich auf sein Gesicht, zum ersten Mal an diesem trüben Tag.

»Oh, sieh mal«, rief der Mitbruder plötzlich, »es hat angefangen zu schneien!«

Und wieder zog er den kleinen Mönch am Ärmel durch die Tür nach draußen in den Klostergarten, wo die ersten dicken Flocken schon einen weißen Schleier auf die kalte Erde gelegt hatten.

»Was meinst du: Was ist das Schönste am Schnee?«, fragte er ihn.

Der kleine Mönch überlegte. Er hatte ja eben gelernt, dass es auf die kleinen Dinge ankommt, und so sagte er zögerlich: »Die Schneeflocken?«

»Richtig!«, erwiderte der Mitbruder: »Komm, lass uns eine fangen!«

Mehr, als es sich für Mönche ziemte, begannen sie, im Klostergarten herumzuspringen, um Schneeflocken zu jagen.

»Ich habe eine!«, rief der kleine Mönch glücklich, »sieh mal, wie wunderschön sie ist!«

Der Mitbruder stand ein paar Schritte entfernt, und bis er den kleinen Mönch erreichte, war die Schneeflocke in dessen Hand geschmolzen.

»Ach, schade«, sagte der kleine Mönch, »jetzt kann ich sie dir nicht mehr zeigen.«

»Ja, so ist das mit dem Glück«, sagte der Mitbruder. »Komm, wir gehen zurück in die Küche, es wird ganz schön kalt hier draußen!«

In der Küche hatte sich inzwischen der Abt des Klosters einen Tee gekocht und das Treiben der Mönche im Garten beobachtet.

»Was macht ihr bei dieser Kälte draußen im Garten?«, fragte er die beiden, als sie die Küche betraten.

»Wir haben gelernt«, antwortete der Mitbruder.

Und als ihn der Abt fragend ansah, ergänzte der kleine Mönch: »Wir haben gelernt, dass man das Glück nicht nur in großen Mosaikbildern finden kann, sondern auch in kleinen und unscheinbaren schwarzen Steinchen, die wichtige Punkte im Bild darstellen. Dann haben wir gelernt, dass man auch für die bitteren Apfelkerne dankbar sein sollte: Was für ein großes Glück, dass es sie gibt, denn aus ihnen entsteht neues Leben! Und dann haben wir gelernt, dass sich das Glück wie eine Schneeflocke nicht halten lässt. Lässt man es aber frei fliegen, kann es sich sammeln und mehr werden.«

Und der Mitbruder ergänzte: »Und irgendwann reicht es für eine ordentliche Schneeballschlacht!«

Der Abt lächelte, verneigte sich und sagte: »Vielen Dank für diese wundervolle Lektion, die ihr mich gelehrt habt. Und vielen Dank dafür, dass ihr das Glück, das ihr heute gefunden habt, mit mir geteilt habt. So hat es sich noch vermehrt.«

Es war ihnen doch sehr kalt geworden beim Schneeflockenfangen, und so gingen alle zurück in ihre Zellen.

Nachdem sich der kleine Mönch ein paar trockene Socken angezogen hatte, stellte er sich wie am Morgen ans Fenster. Der Himmel war immer noch grau, aber das machte ihm nun nichts mehr aus. Er wusste ja, welch wunderschöne Schneeflocken die grauen Wolken brachten.

Und vielleicht war dieses Stückchen grauer Himmel auch ein wichtiges Mosaiksteinchen am großen Firmament.

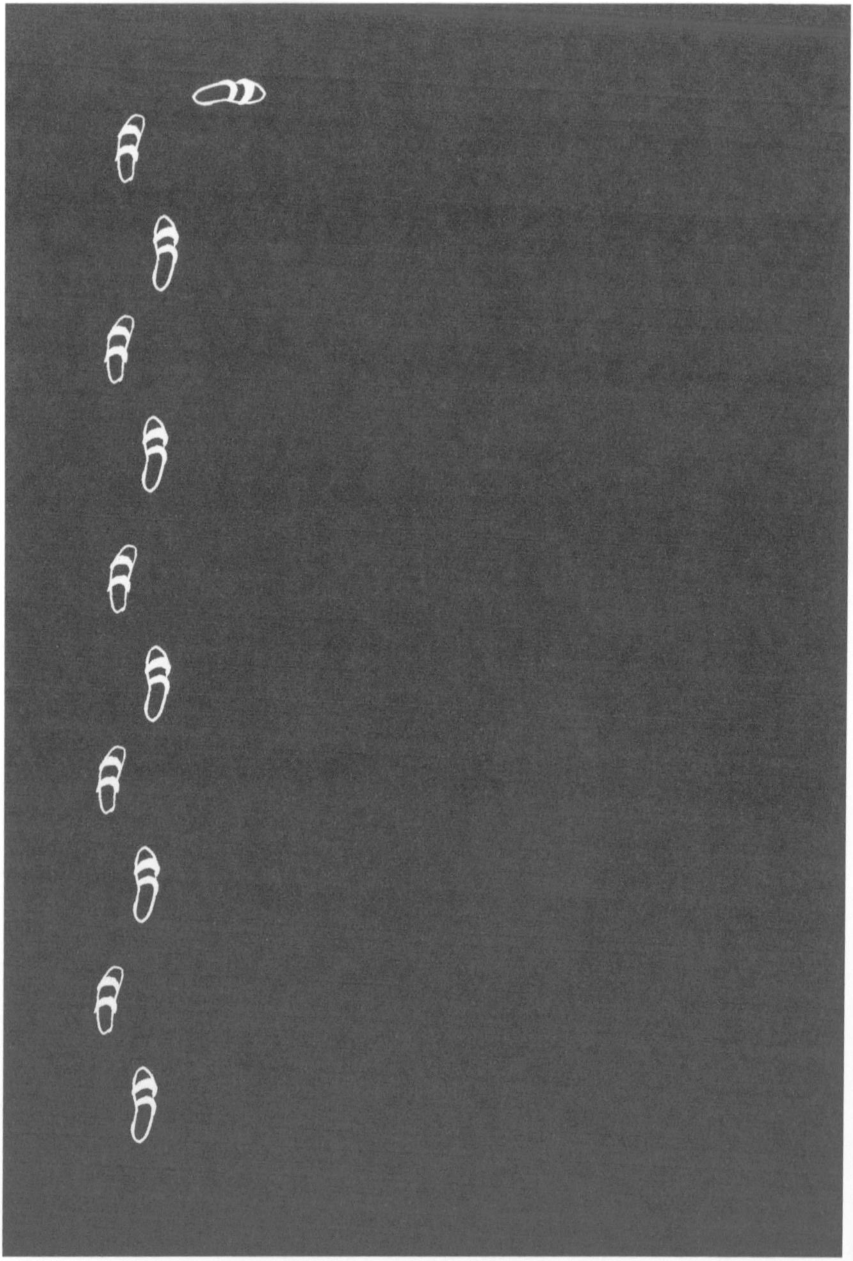

Der kleine Mönch und die Sache mit der Stille

Durch das Fenster in der kleinen Küche des Klosters fielen die ersten warmen Sonnenstrahlen des Sommers. In ihnen tanzten ein paar Staubflöckchen, die der kleine Mönch zu fangen versuchte. Eigentlich war er gerade dabei, im Waschbecken aus dem großen Topf die letzten Krümel des Mittagessens zu spülen. Klappernd fiel dabei der schwere Griff des Kessels von einer Seite auf die andere, und diesen Rhythmus aufgreifend, begann er fröhlich zu singen. Er wippte von einem Bein aufs andere – da schaute der Abt über die Schwelle in die Küche.

»Vater Abt!«, rief der kleine Mönch freudig, »Vater Abt, wie schön, dass Ihr mich besuchen kommt! Hätte ich das gewusst, hätte ich Früchtebrot gebacken und Kaffee gekocht! Seid Ihr durstig? Mögt Ihr ein Glas Milch? Von der Nachspeise sind noch ein paar Nüsse übrig. Oder mögt Ihr einen Apfel?«

Der Abt kam näher, nickte, setzte sich an den kleinen Holztisch und nahm eine Nuss. »Ich bin gekommen«, sagte er langsam, »um zu sehen, wie es deiner Stille geht.«

»Oh«, machte der kleine Mönch. »Die Stille, ja, natürlich.« Er schämte sich ein bisschen, dass er vorhin so laut gesungen hatte.

»Stille ist wertvoll«, fuhr der Abt fort. »Du solltest sie gut behüten!«

Während der kleine Mönch über die Worte des Abtes nachdachte, nahm dieser sich noch eine Nuss, stand auf, neigte kurz den Kopf zum Gruß und ging zur Tür hinaus in den Klostergarten.

Der kleine Mönch erwachte aus seinen Gedanken, sprang ihm rasch hinterher und erwischte ihn, als er noch kurz beim Olivenbäumchen stehenblieb.

»Vielen Dank, Vater Abt«, sagte der kleine Mönch, »für Euren Besuch!« Er verneigte sich tief, und der Abt bog um die Ecke der hohen Gartenmauer, hin zum Erdbeerfeld.

Der kleine Mönch ging zurück in die Küche, setzte sich an den Tisch und dachte nach. »Stille ist wertvoll«, hatte der Abt gesagt. »Aber wie kann etwas wertvoll sein, das nur daraus besteht, dass nichts anderes ist?«

Er stand auf und lief um den Tisch, sah aus dem Fenster in den Garten hinaus, ging zum kleinen Kruzifix in der Ecke des Raumes, lief eine weitere Runde um den Tisch und setzte sich wieder.

»Lieder zu singen macht das Herz fröhlich, Gebete zu sprechen macht es fromm. Mit anderen Menschen zu reden ist höflich und lässt sie gut miteinander auskommen. Wenn ich Stille üben muss und nicht singen darf, wird mein Herz traurig, wenn ich die Psalmen nicht bete, wird Gott traurig, weil er denkt, ich habe ihn vergessen, wenn ich die Menschen nicht grüße, wird man denken, ich sei hölzern und stur und habe keine Manieren.«

So grübelte der kleine Mönch lange. Und kurz vor der Stunde des Abendlobes stand er auf, fasste sich ein Herz und sagte: »Nun gut, ich will es versuchen!«

Er ging zum Spülstein, nahm den großen Topf so leise wie möglich in die Hände, legte den klappernden Griff vorsichtig auf die Seite und stellte den Kessel an seinen Platz ins Regal.

Dann zog er sich die Küchenschürze aus, schritt bedächtig durch den kleinen Speisesaal und über den Kreuzgang in die Kirche.

Gemeinsam mit den anderen Mönchen begann er, die Psalmen zu singen – doch in aller Stille.

Drei Tage verbrachte er so: ohne bei der Arbeit im Garten zu singen, ohne mit den anderen zu reden (er hatte es ihnen mit Zeichensprache erklärt), sogar die Psalmen sang er schweigend. Um nicht wie üblich von den Leuten gegrüßt und angesprochen zu werden, ging er lieber nicht ins nahe Dorf – obwohl Markttag war und er ein paar frische Tomaten für die Klosterküche gut hätte gebrauchen können.

»Was soll das bringen?«, dachte sich der kleine Mönch. »Ich habe es mit der Stille probiert, und nichts daran war wertvoll.« Traurig fasste er den Entschluss, am nächsten Morgen zum Abt zu gehen, um ihn nach weiterem Rat zu fragen.

Nach dem morgendlichen Gottesdienst fasste sich der kleine Mönch ein Herz und ging zur Zelle des Abtes.

»Er kann gut von Stille reden«, sagte der kleine Mönch bei sich. »Seine Zelle liegt so abseits, hier kommt selten jemand vorbei. Und auf den Markt muss er auch nicht gehen, um Essen zu kaufen.«

Er war bei der Tür angekommen und wollte gerade anklopfen, da öffnete sie sich und der Abt sah ihn freundlich an. Der kleine Mönch verneigte sich tief und sagte: »Vater Abt, ich erbitte ein Wort von Euch.« Der Abt nickte kurz. »Es ist wegen der Stille«, fuhr der kleine Mönch fort.

Der Abt trat aus der Zelle, schloss die Tür und bedeutete ihm, ihm zu folgen. Gemeinsam gingen sie in den Speisesaal und setzten sich an den großen Tisch.

»Was weißt du über die Stille?«, fragte ihn der Abt.

»Sie ist – still«, antwortete der kleine Mönch, doch eigentlich hätte er lieber »traurig« oder »langweilig« gesagt. Und weil der Abt das wohl auch merkte, fragte der kleine Mönch schnell: »Warum ist sie wichtig? Wozu ist sie nütze? Ich habe nichts gefunden, was sie mir wertvoll erscheinen ließ. Und überhaupt: Wie kann etwas wertvoll sein, das nur daraus besteht, dass nichts anderes ist?«

Der Abt stand auf, ging in die Küche und nahm einen Putzeimer aus dem Schrank.

»Komm!«, sagte er und sie gingen hinaus in den Klostergarten. Der kleine Mönch folgte ihm und sah ihm zu, wie er drei kleine Schaufeln Erde in den Eimer tat. Dann schüttete der Abt aus einer Gießkanne Wasser dazu. Er hielt dem kleinen Mönch einen Stecken hin und sagte: »Rühr um!«

Der kleine Mönch nahm den Stecken und tat, wie ihm aufgetragen war.

»Was siehst du?«, fragte der Abt.

»Alles ist in Bewegung, die Erde vermischt sich mit dem Wasser und macht es trüb«, antwortete der kleine Mönch.

»Sehr gut«, sagte der Abt. »Und jetzt lass uns die Vorbereitungen für den Mittag treffen.« Der Abt ließ den kleinen Mönch verdutzt im Garten stehen und ging Richtung Kirche davon.

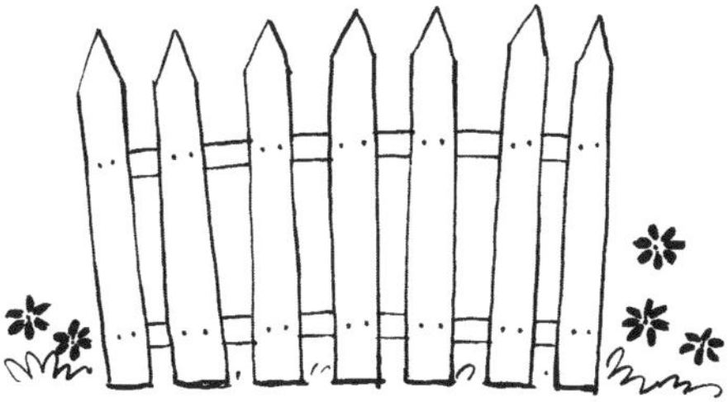

Der kleine Mönch wandte sich mit hängenden Schultern zur Küche. War das schon die ganze Unterweisung? Da hatte er sich mehr erhofft – bei einem so schweren Thema! Zur Ablenkung schnitt er Tomaten für den Salat und setzte Wasser für die Nudeln auf. Als das Essen fertig vorbereitet war, schlug auch schon die Glocke zum Mittagsgebet. Wie froh war er, endlich wieder singen zu dürfen!

Nach dem Gebet trafen sich alle zum Essen im Speisesaal, und als der letzte Teller abgetragen war, winkte der Abt den kleinen Mönch zu sich. »Lass uns nach dem Eimer sehen, was du jetzt da findest!«, sagte er.

Sie gingen hinaus in den Garten und der kleine Mönch war erstaunt: »Vater Abt, seht! Das Wasser ist ganz still und klar geworden, das Trübe hat sich abgesetzt und man kann bis auf den Grund sehen!«

Der Abt nickte: »Jetzt kennst du den Wert der Stille. Erst in der Stille kann man auf den Grund sehen.« Der kleine Mönch sah ihn verblüfft an. Dann verneigte er sich tief und öffnete schon den Mund, um ihm zu danken, da sagte der Abt: »Komm nach dem Abendgebet noch einmal mit mir in den Garten.« Der kleine Mönch zog die Augenbrauen nach oben, aber nickte nur stumm und verneigte sich noch einmal.

Der kleine Mönch verrichtete die Arbeiten, für die er am Nachmittag zuständig war: Er goss die Salatköpfe im Garten, schnitt frische Blumen für den Altar, fegte den Speisesaal, entfernte bei den Kerzen am Marienaltärchen das überschüssige Wachs und konnte bei alldem das Abendgebet kaum erwarten.

Nach dem Abendlob gab es Abendessen, auch das dauerte dem kleinen Mönch heute viel zu lange. In der Freizeit zwischen Essen und Nachtgebet ging er ungeduldig in der Küche auf und ab, setzte sich, stand wieder auf und kreiste um den Küchentisch.

Endlich war das Nachtgebet zu Ende. Der kleine Mönch und der Abt trafen sich im Klostergarten, über den sich langsam die Dunkelheit legte. Der Mond stieg auf und die Sterne zeigten sich.

»Komm, nimm deinen Stecken und rühre wieder!«, sagte der Abt.

Der kleine Mönch tat, wie ihm aufgetragen war, nahm den Stecken und ließ ihn im Eimer kreisen. »Was siehst du?«, fragte der Abt. Der kleine Mönch zögerte. »Da es dunkel ist, sehe ich nichts, Vater Abt. Nichts als Wasser, das von der Nacht geschwärzt und durch mein Rühren bewegt ist.«

»So ist es«, entgegnete der Abt. »Lass uns nun hier beim Putzeimer einen Psalm singen.«

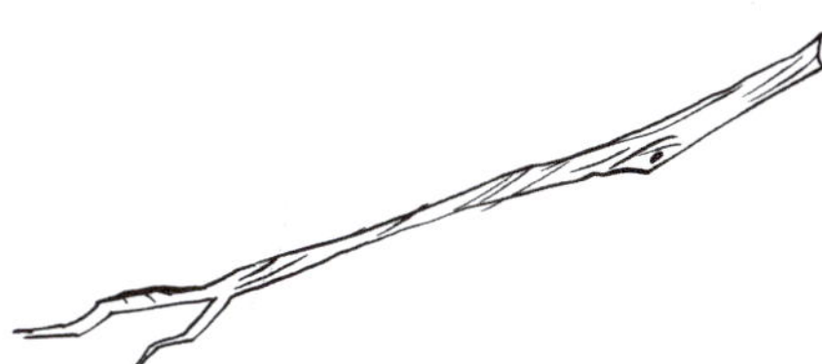

Der kleine Mönch war solche Einfälle des Abtes gewohnt, und so fragte er nicht nach dem Sinn. Sie begannen zu singen und der Klostergarten erfüllte sich mit Melodie. Die Klostermauern warfen den Gesang zurück und die Sterne am Himmel machten den Garten zu einer großen Kathedrale.

Es war ein langer Psalm, doch das machte dem kleinen Mönch nichts aus. Auch, dass ihm die Kälte der Nacht langsam die Füße hochstieg, fühlte er kaum. Zu schön war die innige Begegnung im Gesang unter den Sternen.

Nachdem sie das »Ehre sei dem Vater« gesungen hatten, verneigten sie sich zum Abschluss. Dann wandte sich der Abt zum kleinen Mönch und sagte: »Sieh nach deinem Eimer! Was siehst du nun?«

Der kleine Mönch war erstaunt: »Da nun das Wasser zur Ruhe gekommen ist, spiegeln sich darin die Sterne!«

»So ist es«, antwortete der Abt mit gütiger Stimme. »Und so ist es auch mit deinem Herzen.«

Der kleine Mönch nickte.

»Und nun nimm den Eimer, geh im Garten umher, doch achte darauf, dass du das Spiegelbild der Sterne nicht verwischst!«

Der kleine Mönch nahm vorsichtig den Eimer, ging vom nachtschwarzen Tomatenstrauch zur Gartentür, machte kehrt und kam wieder zurück. Er achtete sehr darauf, das Wasser im Eimer nicht zu bewegen.

»Siehst du?«, fragte der Abt. »Du kannst gehen, wohin du willst, du kannst über den lärmenden Markt laufen, du kannst reden, du kannst singen – und doch kannst du dir im Herzen die Stille bewahren, die dir die Sterne zeigt.«

Der kleine Mönch verneigte sich tief und dankbar.

Dann gingen sie gemeinsam zurück ins Haus, und als der kleine Mönch die Treppen zu seiner Zelle emporstieg, setzte er vorsichtig Fuß um Fuß, damit sich in der Stille seines Herzens im klaren Wasser die Sterne spiegeln konnten.

Einige der Geschichten in diesem Band sind schon in den folgenden gleichnamigen Büchern veröffentlicht.

Die Erlebnisse des kleinen Mönchs werden darin von »echten« Mönchen aus der Benediktinerabtei Münsterschwarzach in die reale Gegenwart übertragen.

Mit Überlegungen aus der benediktinischen Tradition, weiteren Impulsen und Übungsvorschlägen regen sie dazu an, den Erlebnissen des kleines Mönchs selbst auf die Spur zu kommen.

Zacharias Heyes

Der kleine Mönch und die Sache mit der Stille

ISBN 978-3-7365-0280-2, gebunden, 127 Seiten (2019)

Zacharias Heyes

Der kleine Mönch räumt auf

ISBN 978-3-7365-0400-4, gebunden, 141 Seiten (2021)

Ansgar Stüfe

Der kleine Mönch und das große Glück

ISBN 978-3-7365-0350-2, gebunden, 123 Seiten (2021)

Zacharias Heyes

Der kleine Mönch und das geschenkte Vertrauen

ISBN 978-3-7365-0457-8, gebunden, 159 Seiten (2022)

Zacharias Heyes

Der kleine Mönch und die Sache mit dem Lachen

ISBN 978-3-7365-0512-4, gebunden, 127 Seiten (2023)

Bibliografische Information der Deutschen Nationalbibliothek
Die Deutsche Nationalbibliothek verzeichnet diese Publikation in der Deutschen Nationalbibliografie. Detaillierte bibliografische Daten sind im Internet über http://dnb.d-nb.de abrufbar.

Ohne Folie
Für unsere Umwelt

FSC
www.fsc.org
MIX
Papier | Fördert gute Waldnutzung
FSC® C014889

in Deutschland
produziert

1. Auflage 2024

Lektorat: Marlene Fritsch
Illustrationen: Elli Bruder
Gestaltung: Matthias E. Gahr
Druck und Bindung: Pustet, Regensburg

ISBN 978-3-7365-0557-5
www.vier-tuerme-verlag.de